AF 136766

Christine Beyer

Der Verkauf von Patenten als Finanzierungsinstrument

IGEL Verlag

Beyer, Christine
Der Verkauf von Patenten als Finanzierungsinstrument

1. Auflage 2008 | ISBN: 978-3-86815-015-5

© IGEL Verlag GmbH , 2008. Alle Rechte vorbehalten.

Die Deutsche Bibliothek verzeichnet diesen Titel in der Deutschen Nationalbi-
bliografie. Bibliografische Daten sind unter http://dnb.ddb.de verfügbar.

IGEL Verlag

Abkürzungsverzeichnis

Abb.	Abbildung
BGB	Bürgerliches Gesetzbuch
BGH	Bundesgerichtshof
bzw.	beziehungsweise
ca.	circa
d.h.	das heißt
DPMA	Deutsches Patent- und Markenamt
f.	folgende
ff.	fort folgende
gem.	gemäß
i.V.m.	in Verbindung mit
KMU	klein- und mittelständisches Unternehmen
Mio.	Millionen
PatG	Patentgesetz
PatKostG	Patentkostengesetz
PatV	Patentverordnung
Rdn.	Randnummer
S.	Seite
u.a.	unter anderem
UrhG	Urhebergesetz
Vgl.	Vergleich
vgl.	vergleiche
VwVfG	Verwaltungsverfahrensgesetz
z.B.	zum Beispiel

A. Einleitung

Bei der *MediTECH* Electronic GmbH in Hannover habe ich mich ausführlich mit der Verlängerung, Änderung und Überschreibung von Patenten und deren Rechtsübergang beschäftigt. Dieses Unternehmen entwickelt u.a. medizinische Geräte für Erwachsene und Kinder, die auf Grund zentraler Hörprobleme keine altersgerechte Sprachentwicklung aufweisen. Diese Behandlungsverfahren ließ sich die *MediTECH* patentieren. So zum Beispiel folgende:

Patentschrift 39 39 401

- „Vorrichtung zur Verbesserung der Hirn-Hemisphären-Koordination"

Patentschrift 43 18 336

- „Verfahren und Vorrichtung zum Training der menschlichen Ordnungsschwelle"

Patentschrift 19 603 001

- „Vorrichtung zum unterstützten Trainieren und Lernen"[1]

Zahlreiche Klein- und mittelständische Unternehmen, kurz KMUs genannt, in den Wirtschaftszweigen Maschinenbau, Entwicklung medizinischer Geräte, sowie der Kunststoffindustrie verfügen über eine Vielzahl von Patenten, die sie auf Grund fehlenden Kapitals nicht effektiv nutzen können. Ausschlaggebend für die angespannte Lage auf dem Finanzierungsmarkt ist nicht nur die oftmals schwache Eigenkapitalausstattung, sondern auch die Tatsache, dass die Rating-Anforderungen in Hinblick auf die Einführung von Basel II erhöht und streng reglementiert wurden.[2]

Nicht nur begrenzte Finanzmittel, sondern auch begrenzte Personalressourcen und beschränkte Marktzugangs- und -durchdringungsmöglichkeiten verhindern die Realisierung hoher Umsätze eines Unternehmens. Dennoch können Patente bzw. Erfindungen einer neuartigen Technologie einen immensen Nutzen für Unternehmer darstellen.[3]

---

[1] www.meditech.de/index.php?id=83
[2] www.gomopa.net/Finanzforum/Kapitalbeschaffung/Kapitalgeber-finanzieren-die-Patentnutzung.html
[3] www.hwk.duesseldorf.de/beraten/innovation/steinbeispatente.html

1

Oftmals wird das Potenzial eines Patents bzw. Patentportfolios unterschätzt, was dazu führt, dass KMUs den Wert dieser nicht erkennen oder aber nicht optimal nutzen. Neben den klassischen Formen der Unternehmensfinanzierung, wie beispielsweise dem echten und unechten Factoring, wächst insbesondere die Bedeutung alternativer Finanzierungsmöglichkeiten. Eine solche Alternative ist z.B. der An- und Verkauf von Patenten.[4]

Mit dieser Problematik beschäftigt sich die vorliegende Dissertation. Ziel dieser ist es, das *Patent* begrifflich zu definieren und den Rechtsweg von dem Anmeldeverfahren bis zum Einspruchserhebungsverfahren zu skizzieren.

Im Folgenden wird die *Lizenz* zum Patent abgegrenzt. Nach einer kurzen Begriffsbestimmung werden die unterschiedlichen Arten und die Besonderheiten der Lizenz erörtert. Anschließend sollen wesentliche Unterschiede zum Patent erklärt werden.

Fortführend wird in Hinblick auf die Veräußerung, der Rechtsübergang eines Patents verdeutlicht. Dabei soll nicht nur erörtert werden, was diese Veräußerung beinhaltet und umfasst, sondern auch um welche Veräußerungsart es sich hierbei handelt; entweder um einen Sach- oder Rechtskauf.

Des Weiteren wird an zwei besonderen Arten der Patentveräußerung, die Versteigerung von Patenten und Patentfonds, diese Form des Rechtsüberganges erklärt, sowie dessen Vor- und Nachteile diskutiert. Weiterhin gilt es zu analysieren, ob ein derartiger Rechtsübergang dem geltenden Recht entspricht.

Abschließend werden noch einmal die wichtigsten Aspekte eines Patentverkaufs skizziert und in Hinblick auf eine Pro- und Contraargumentation diskutiert. Außerdem gilt es zu analysieren, inwiefern Potenziale auf dem Finanz- und Börsenmarkt bestehen und ob diese Art von Unternehmensfinanzierung eine Alternative zu den bisherigen Finanzierungsmöglichkeiten für klein- und mittelständische Unternehmen darstellt.

---

[4] www.innovations-report.de/html/berichte/ wirtschaft_finanzen/bericht-52810.html

B. Das Patent – von der Idee bis zur Wirksamkeit

I. Der Begriff des Patents

Unter einem Patent versteht der Jurist einen staatlichen Verleihungsakt, den so genannte Verwaltungsakt, durch den eine Erfindung als schutzfähig anerkannt und dem Erfinder bzw. dem Anmelder das Privileg des Ausschließlichkeitsrechtes konzediert wird.[5]

Das Patent ist vom Begriff der *Erfindung*, die gesetzlich nicht eindeutig definiert ist, abzugrenzen. Deren Definition ergibt sich aus der Rechtsprechung des BGH. Demnach ist die Erfindung die Lehre zum technischen Handeln, mit der ein technisches Problem gelöst wird. Das technische Problem an sich gehört nicht zur Erfindung.

Gemäß § 9 PatG wird die Erfindung in zwei Kategorien unterteilt.[6]

- **Das Erzeugnis**: eine Erzeugniserfindung ist durch den Aufbau einer Vorrichtung, z.B. einer Maschine, eines Stoffes oder einer Sache mit bestimmten Eigenschaften definiert.

- **Das Verfahren**: eine Verfahrenserfindung beschreibt ein Herstellungs- oder Arbeitsverfahren. Das Arbeitsverfahren zeichnet sich dadurch aus, dass bei einer technischen Betätigung, durch die an einem Objekt Arbeitsschritte vollzogen werden, keine Veränderung der behandelten Sache eintritt.

Eine patentierbare Lehre zum technischen Handeln liegt immer nur dann vor, wenn diese Technik eine Bereicherung darstellt und dem Nutzen der Allgemeinheit dient. Im Umkehrschluss bedeutet dies, dass kein technisches Handeln vorliegt, wenn die Lehre:

nicht fertig ist, d.h. sie ist ohne einen zusätzlichen erfinderischen Aufwand noch nicht einsatzfähig;

nicht wiederholbar ist, d.h. wenn mit bekannten Natur- und Fachkräften eine Realisierung dieser Idee nicht vollziehbar ist;

nicht brauchbar oder von sozialem Nutzen ist.

Diese Erfordernisse an eine Erfindung können sich überschneiden. Einer gegenseitigen Abgrenzung bedarf es nicht, da bereits

---

[5] Enthaler, Jürgen: Gewerblicher Rechtsschutz und Urheberrecht, S. 76
[6] www.wikipedia.org/wiki/Patent

beim Fehlen eines Erfordernisses keine Erfindung in dem Sinne mehr vorliegt.[7]

Eine Erfindung muss nicht nur als Erzeugnis oder Verfahren kategorisierbar sein, sondern auch das Erfordernis der Technizität erfüllen. Hierbei geht der BGH i.d.R. von folgender Definition aus:

„Eine Lehre ist technisch, wenn sie sich zur Erreichung eines kausal überseh-/ baren Erfolges des Einsatzes beherrschbarer Naturkräfte außerhalb der menschli-/ chen Verstandestätigkeit bedient [...].“[8]

Gemäß § 1 II PatG versteht man unter dem Begriff der Naturkräfte auch die biologischen, die in der freien Natur schon vorhanden sind, wie z.B. Holz oder ein bestimmtes Gestein. Demnach ist die Verstandestätigkeit des Menschen nicht primär von Relevanz. Der Einsatz der Naturkräfte muss kausal für die Lösung einer technischen Problemstellung bzw. einer Aufgabe sein, d.h. die Problemlösung muss sich auf den Einsatz der Naturkräfte begründen.

Allerdings ist diese Begriffsdefinition in Bezug auf die technische Entwicklung zu modifizieren, da eine Erfindung aus technischen und nicht-technischen Merkmalen bestehen kann. Demnach liegt eine technische Erfindung immer dann vor, wenn der Einsatz von Naturkräften zwingend erforderlich ist. Kann man auf diesen verzichten, so handelt es sich um eine nicht-technische Erfindung. Bei einer solchen Problemstellung muss die Gesamtheit der Lehre beurteilt werden. Sind die technischen Kriterien zwingend und hauptsächlich zur Lösung des Gesamtproblems erforderlich und wurde nur bei einem Teil der Problemlösung auf den Einsatz von Naturkräften verzichtet, so ist die Lehre als Gesamtes technisch und demnach eine Erfindung. Das heißt, die technischen Merkmale müssen bei der Realisierung der Aufgabe überwiegen.[9]

Ein hoheitlich erteiltes gewerbliches Schutzrecht auf eine Erfindung wird durch ein zeitlich begrenztes Ausschlussrecht gewährt.

---

[7] Ilzhöfer, Volker: Patent-, Marken- und Urheberrecht, S. 32 f., Rdn. 94 f.

[8]. Vgl.: BGH Urteil: X ZB 15/98 sowie Ilzhöfer, Volker: Patent-, Marken- und Urheberrecht, S. 34

[9] Vgl.: Brandi-Dohrn/Gruber/Muir Europäisches und Internationales Patentrecht, S. 130 ff., Rdn. 12.02 ff. sowie Ilzhöfer, Volker: Patent-, Marken- und Urheberrecht S.34

Der Inhaber eines Patents hat das Recht, Dritten die Verwendung seiner Erfindung zu untersagen, d.h. ein geschütztes Erzeugnis gewerblich herzustellen, anzubieten, zu benutzen oder auch ein geschütztes Verfahren gewerblich anzuwenden.[10]

Nach § 16 PatG ist die Geltungsdauer eines Patents auf maximal 20 Jahre begrenzt. Bei Patenten für Erfindungen, die Arzneimittel oder Pflanzenschutzmittel betreffen, kann nach europäischen Recht das Schutzrecht durch ein ergänzendes Schutzzertifikat um bis zu fünf Jahre verlängert werden, da es oftmals auf Grund der langen Dauer bis zur Zulassung solcher Patente zu erheblichen Verzögerungen kommt.

Im Gegenzug zur staatlichen Einräumung eines solchen zeitlich befristeten Monopols ist der Erfinder dazu verpflichtet, seine Erfindung in einer Patentschrift offen zu legen und somit für jedermann zugänglich zu machen. Die Offenlegung durch das Patentamt erfolgt spätestens 18 Monaten nach der Beantragung bei der zuständigen Behörde. Eine vorzeitige Publikation kann vom Anmelder beantragt werden. Wird die Anmeldung vor Ablauf der 18 Monate zurückgezogen, findet eine derartige nicht statt.[11]

II. Der Weg zum Patent

1. Die Patentanmeldung

Im Patenterteilungsverfahren wird auf Grund eines Antrags überprüft, ob eine Erfindung gem. §§ 1 bis 5 PatG patentfähig ist und ob sie die erforderlichen Bestimmungen des Patentgesetzes und der Patentverordnung erfüllt (siehe Anlage 1).

Voraussetzung hierfür ist die Anmeldung der Erfindung bei dem jeweils zuständigen regionalen, nationalen und internationalen Patentamt. Für Deutschland ist das Deutsche Patent- und Markenamt, kurz DPMA, für Österreich das Österreichische oder Europäische Patentamt und für die Schweiz und Lichtenstein das Institut für Geistiges Eigentum oder das Europäische Patentamt zuständig.

Grundlegend kann die Anmeldung in jeder beliebigen Sprache erfolgen.

---

[10] www.wikipedia.org/wiki/Patent
[11] www.dpma.de/infos/einsteiger/einsteiger_pat04.html

Das Patenterteilungsverfahren ergibt sich aus den §§ 34 ff. PatG und folgt dem Grundsatz der *verschoben Prüfung*, d.h. dass eine Prüfung des Anmeldegegenstandes nur dann erfolgt, wenn gem. § 44 PatG eine Prüfungsantragsgebühr bei der Antragstellung bezahlt worden ist.[12]

Laut § 57 III PatG kann dieser Antrag bis zum Ablauf von sieben Jahren ab dem Anmeldetag eingereicht werden. Ist diese Frist verstrichen, gilt der Antrag als zurückgezogen. Ist ein Prüfungsantrag einmal als wirksam erachtet worden, kann er nur mit der Zurückziehung der Anmeldung beendet werden. (siehe Anlage)

a) Die Anmeldung

Gemäß § 34 III PatG muss eine Patentanmeldung folgende Aspekte umfassen:

- den Namen des Anmelders,

- einen Antrag auf Erteilung eines Patents, in dem die Erfindung kurz und präzise beschrieben ist,

- ein oder mehrere Patentansprüche, in denen angegeben ist, was unter den Patentschutz gestellt werden soll,

- eine Beschreibung der Erfindung, die u.a. für das Verständnis der Erfindung und deren Schutzfähigkeit zwingend erforderlich ist.

b) Die Offenbarung der Erfindung gem. § 34 IV PatG

Eine Erfindung muss in ihrer Anmeldung immer so beschrieben sein, dass ein Fachmann in der Lage ist, diese zu verstehen und auszuführen. Hierbei kann auf die Angabe einer wissenschaftlichen Begründung für das Funktionieren der Erfindung verzichtet werden. In der Regel wird die Offenbarung Bestandteil der Beschreibung (§ 34 III Nr. 4 PatG).

Eine Erweiterung in Form einer Ergänzung der Offenbarungsschrift ist nach der Einreichung der Anmeldung beim DPMA nicht mehr möglich. Das bedeutet, dass nur das, was ursprünglich als Erfindung offenbart wurde, im Erteilungsverfahren berücksichtigt wird.

---

[12] Ilzhöfer, Volker: Patent-, Marken- und Urheberrecht , S. 51, Rdn.: 157 f.

6

Maßgeblich für die Feststellung des Inhaltes der Anmeldung ist die Beurteilung des Fachmannes. Dieser prüft, inwieweit er mit seinem allgemeinen Fachwissen die beschriebene Erfindung ohne erfinderische Tätigkeiten realisieren kann. Ist nach seiner Meinung die beschriebene Lehre nicht ausführbar, liegt entweder keine Erfindung vor oder die Offenbarung ist mangelhaft und muss zurückgewiesen werden.[13]

c) Der Anmeldetag gem. § 35 II PatG

Sind die Mindestanforderungen gem. § 34 PatG erfüllt, gilt als Anmeldetag der Tag, an dem das Anmeldeformular beim Deutschen Patent- und Markenamt oder beim zugelassenen Patentinformationszentrum eingegangen ist, d.h. es muss gem. § 130 BGB in deren Machtbereich übergegangen sein und der Empfänger hatte die Möglichkeit der Kenntnisnahme.[14] Ist dies geschehen, ist der Anmeldegegenstand definiert und die Patentfähigkeit kann durch keine sich später ereignende Begebenheit beeinflusst werden. Laut § 40 PatG entsteht am Tag der Erstanmeldung ein so genanntes Prioritätsrecht. Dieses verhindert, dass der Erstanmeldung oder deren Benutzung durch später eintreffende Ereignisse ein Nachteil entsteht. Die wäre beispielsweise der Fall, wenn eine Nachanmeldung des gleichen Anmelders in einem anderen Staat für die gleiche Erfindung hinterlegt wird. Hier würde die Erstanmeldung auf das Datum der Nachanmeldung datiert werden. Auf Grund des Prioritätsrechts erhält jedoch die Nachanmeldung den gleichen Zeitrang der Voranmeldung und die Erstanmeldung und deren Benutzung werden nicht benachteiligt.[15]

Weiterhin ist zu beachten, dass, wenn die Anmeldung beim DPMA nicht in der Landessprache, in dem fall Deutsch, erfolgt, innerhalb von einer Frist von drei Monaten diese in deutscher Übersetzung nachzureichen ist. Wird dem nachgekommen, bleibt das Datum des Anmeldetages bestehen. Wird die Frist überschritten, gilt der Antrag als nichtig und muss erneut eingereicht werden.[16]

---

[13] Nirk/Ullmann: Patent-, Gebrauchsmuster- und Sortenschutzrecht, S. 64 f.
[14] Schwab, Dieter: Einführung in das Zivilrecht, S. 238, Rdn. 520
[15] Brandi-Dohrn, Matthias/Gruber, Stephan/Muir, Ian: Europäisches und Internationales Patentrecht, S. 17, Rdn. 2.01
[16] Ilzhöfer, Volker: Patent-, Marken- und Urheberrecht, S. 57, Rdn. 169

d) Weitere zwingende Erfordernisse gem. §§ 36 ff. PatG

aa) Zusammenfassung gem. § 36 PatG, § 13 PatV

Innerhalb von 15 Monaten nach der Anmeldung bedarf es der Einreichung einer kurzen Zusammenfassung, die ausschließlich der technischen Informationsübermittlung dient. Diese wird mit der Offenlegungs- und Patentschrift publiziert.

Unterlässt der Patentanmelder die Einreichung dieser, ist die Rechtsfolge negativ, d.h. es kommt nicht zur Zulassung und der Inhaber muss das Patent gem. §§ 34 ff. PatG erneut anmelden.[17]

bb) Erfinderbenennung gem. § 37 PatG, § 7 PatV

Innerhalb der besagten 15 Monats-Frist muss auch die Erfinderbenennung und die Versicherung des Anmelders, dass etwaige Dritte seines Wissens nach nicht an der Erfindung beteiligt waren, in schriftlicher Form erfolgen. Ist der Anmelder nicht alleiniger Erfinder, muss er gem. § 37 I 2 PatG das Rechtsverhältnis am Patent untermauern, d.h er muss erklären, wie das Recht an dem Patent an ihn gelangt ist.

Gemäß § 37 II PatG ist eine Fristverlängerung der Erfinderbenennung bis über die Patenterteilung hinaus möglich, wenn außergewöhnliche Hinderungsgründe, wie z.B. höhere Gewalt, eine Wahrung der Frist verhindern. Unter höherer Gewalt versteht man beispielsweise einen Hausbrand, verursacht durch einen Blitzschlag, bei dem die erforderlichen Unterlagen, die nachweisen würden, wie das Recht an dem Patent übergegangen ist, verbrannt sind. Durch die Setzung der Nachfrist hat der Betroffen dann die Möglichkeit, sich diese Unterlagen erneut anfertigen und aushändigen zu lassen, um sie anschließend nachzureichen.[18]

cc) Inanspruchnahme einer Priorität gem. §§ 40, 41 PatG

Eine Priorität kann nach §§ 40, 41 PatG bei der Erstanmeldung durch eine so genannte Prioritätserklärung beansprucht werden. Sie

---

[17] Nirk/Ullmann: Patent-, Gebrauchsmuster- und Sortenschutzrecht, S. 67
[18] Vgl. hierzu: Brandi-Dohrn, Matthias/Gruber, Stephan/Muir, Ian: Europäisches und Internationales Patentrecht, S. 82, Rdn. 6.37 und Nirk/Ullmann: Patent-, Gebrauchsmuster- und Sortenschutzrecht, S. 67

muss u.a. das Anmeldedatum, Anmeldeland, Aktenzeichen und eine Abschrift der Prioritätsanmeldung beinhalten.

Wird die Priorität erfolgreich in Anspruch genommen, so wird der Zeitrang der Nachanmeldung auf den Anmeldetag der Prioritätsanmeldung vorverlegt. Dies kann aber nur in soweit geschehen, als dass der Gegenstand in der Anmeldung als Erfindung offenbart wurde.[19]

2. Das Patenterteilungsverfahren

Nachdem das Patent bei der zuständigen Institution angemeldet worden ist, muss eine Gebühr für die Kosten des Verfahrens, deren Höhe sich aus den gesetzlichen Bestimmungen des Patentkostengesetzes ergibt, entrichtet werden. Wird dieser gesetzlichen Bestimmung nicht nachgekommen, gilt die Anmeldung gem. § 6 PatKostG als zurückgenommen.

a) Die Rechtsnatur der Anmeldung

Die Patentanmeldung umfasst nicht nur sachlich-rechtliche Aspekte, sondern auch verfahrensrechtliche (siehe Anlage 2 zum Patenterteilungsverfahren).

Gemäß § 7 PatG besteht nach der Anmeldung eines Patents der Anspruch auf dessen Erteilung. Das Verfahren zur Patenterteilung ist verfahrensrechtlicher Natur, wohingegen alle Umstände, die die Anmeldung beeinflussen können, z.B. wenn der Gegenstand der Anmeldung verändert oder diese zurückgenommen wird, sachlich-rechtlicher Natur sind. Hier werden nicht nur die Vorschriften des Verfahrensrechts, sondern auch die des bürgerlichen Rechtes, beispielsweise Willenserklärungen gem. §§ 116 ff. BGB, in Betracht gezogen und angewendet.[20]

b) Ablauf des Verfahrens

aa) Die Offensichtlichkeitsprüfung gem. § 42 PatG

Bei der Offensichtlichkeitsprüfung gem. § 42 PatG wird die Anmeldung auf Bestehen etwaiger grober Mängel untersucht. Sie

---

19 Ilzhöfer, Volker: Patent-, Marken- und Urheberrecht, S. 58, Rdn. 172
20 Ilzhöfer, Volker: Patent-, Marken- und Urheberrecht, S. 59 f., Rdn. 173 f.

erfolgt nur grob und nicht ausführlich bis ins Detail. Die Erfordernisse der Patentverordnung und der §§ 34 bis 38 PatG werden skizzenhaft geprüft. Weiterhin wird darauf geachtet, ob der Gegenstand der Anmeldung dem Wesen nach eine Erfindung darstellt, gewerblich anwendbar ist oder es sich lediglich um eine Zusatzerfindung handelt.

Bei vorliegenden Mängeln erhält der Anwender einen Prüfbescheid, zu dem er sich äußern und die Mängel beseitigen kann. Kommt er dem nicht nach, gilt die Anmeldung als zurückgenommen.[21]

bb) Die Recherche gem. § 43 PatG

Hierbei prüft das DPMA auf Antrag des Anmelders oder eines Dritten den derzeitigen Stand der Technik, d.h. inwieweit eine solche oder ähnliche Erfindung schon in Form eines Patentes vorliegt. Hierbei werden alle öffentlichen Druckschriften ermittelt, die für die Beurteilung der Patentfähigkeit der angemeldeten Erfindung in Betracht zu ziehen sind. Darunter zählen auch diese, die einer anderen zwischenstaatlichen Einrichtung vollständig oder für bestimmte Sachgebiete der Technik ganz oder teilweise übertragen worden sind. Der Antragsteller wird über die Rechercheergebnisse informiert.[22]

cc) Das Prüfungsverfahren gem. §§ 44 ff. PatG

Eine Prüfung auf Patentfähigkeit durch das Deutsche Patent- und Markenamt findet nur dann statt, wenn der Anmelder einen Prüfungsantrag gestellt <u>und</u> die dafür notwendigen Gebühren innerhalb von drei Monaten nach Fälligkeit gem. §§ 3 und 6 PatG entrichtet hat. Ein solcher Prüfungsantrag kann auch von einem Dritten eingereicht werden, der dadurch aber nicht automatisch in das Prüfungsverfahren involviert wird.

Der Patentanmelder erfährt über den Prüfungsbescheid, ob das Patentamt seine Erfindung patentfähig einstuft. Hierbei werden erneut die Erfordernisse der §§ 1 bis 5, 34, 37 und 45 PatG, sowie alle

---

[21] Vgl. hierzu: Ilzhöfer, Volker: Patent-, Marken- und Urheberrecht, S. 60., Rdn. 175 ff. sowie Brandi-Dohrn, Matthias/Gruber, Stephan/Muir, Ian: Europäisches und Internationales Patentrecht, S. 118 ff., Rdn. 11.15 ff.

[22] Ensthaler, Jürgen: Gewerblicher Rechtsschutz und Urheberrecht, S. 123 f.

rechtlichen Bestimmungen der Patentverordnung eingehend geprüft. Nachdem dieser Bescheid beim Anmelder eingegangen ist, hat dieser die Möglichkeit zu diesem Stellung zu nehmen. Wurden von der Patentzulassungsbehörde Mängel festgestellt und der Anmelder verzichtet darauf, sich zu diesen zu äußern, so gilt dies als Widerruf der Patentanmeldung. Weiterhin kann er auch die Anmeldung seiner Erfindung von sich aus zurückziehen.

Gemäß § 39 PatG kann auch nur ein Teil der Anmeldung zurückgezogen werden, so dass neben der ursprünglichen, die Stammanmeldung, mindestens eine Teilanmeldung zum Zeitpunkt der Stammanmeldung vorliegt und diese gesondert, nach der Einreichung der erforderlichen Unterlagen und der Gebührenzahlung, als Patent zugelassen werden kann.

Weiterhin hat der Antragsteller das Recht, den Schutzgegenstand durch eine Umformulierung der Patentansprüche zu verändern, wenn nach Stand der Technik ein derartiges oder ähnliches Patent bereits existiert. Ist das der Fall, hat der Antragsteller die Möglichkeit, seine Ansprüche zu ändern bzw. sie völlig neu zu formulieren. Jedoch muss deren Inhalt in den ursprünglichen Unterlagen formuliert worden sein. Gehen diese Patentansprüche über die eigentliche Offenbarung der Erfindung hinaus, ist dies unzulässig und ist gem. § 38 PatG umgehend zu revidieren. Einer derartig unzulässigen Erweiterung können und dürfen keine Rechte erwachsen; diese ist demnach ersatzlos zu streichen. Die einzig zulässige Änderung ist die der sonstigen Unterlagen, sowie der Zusammenfassung.

Des Weiteren verfügt der Anmelder über das Rechtsmittel der Verteidigung, d.h. er kann zu seinem Antrag und den aufgetretenen Mängeln schriftlich Stellung nehmen und versuchen dem Deutschen Patent- und Markenamt oder einer anderen zuständigen Behörde glaubhaft zu machen, dass derartige Fehler nicht vorliegen.

Außerdem hat er laut § 46 PatG das Recht auf Gehör, das bedeutet, dass er zu dem Prüfungsbescheid und der darin enthaltenen Mängel in einer Anhörung Stellung nehmen und seine Einwände vorbringen kann. Dient diese mündliche Verhandlung der Sache, wird das DPMA dieser zustimmen oder gar selber eine solche beantragen. Auf die schriftliche Stellungnahme wird in dem Fall verzichtet.[23]

dd) Die Entscheidung: Zurückweisung oder Erteilung gem. § 47 PatG

Gemäß § 47 PatG wird das Ergebnis des DPMA in einem Beschluss zusammengefasst - entweder wird die Patenterteilung im Sinne des § 48 PatG zurückgewiesen oder nach § 49 PatG zugelassen. Im Falle einer Zulassung erhält der Patentinhaber eine Urkunde über die Erteilung eines Patents (siehe Anlage 3). Prinzipiell ist ein derartiger Erteilungsbeschluss ein begünstigender Verwaltungsakt gem. §§ 35 bis 52 VwVfG und muss eine Belehrung über die Rechtsmittel, die dem Anmelder zur Verfügung stehen, enthalten. Weiterhin sind bei einer Ablehnung die Erwägungen, die zu dieser Entscheidung geführt haben, schriftlich zu begründen.

Der Beschluss wird mit dessen Zustellung rechtskräftig, d.h. wenn er in den Machtbereich des Empfängers eingegangen ist. Bei der Anhörung wird auf die Zustellung verzichtet und die Wirksamkeit wird direkt durch Verkündung festgestellt.

Die Wirkung des Patents, § 9 PatG, entsteht mit der Publikation eines Hinweises auf die Erteilung im Patentblatt, § 58 PatG. Außerdem wird eine Patentschrift herausgegeben, die aber allein der Informierung der Öffentlichkeit dient und juristisch nicht relevant ist. Für den Umfang des erteilten Patents ist allein der Patenterteilungsbeschluss rechtlich ausschlaggebend.[24]

3. Das Einspruchsverfahren gem. §§ 59 ff. PatG

Gegen die Patenterteilung kann von jedermann innerhalb einer Frist von drei Monaten nach Veröffentlichung der Patenterteilung im Patentblatt Einspruch erhoben werden. Dieser muss schriftlich erfolgen und begründet sein. Die Prüfungsstelle entscheidet dann zunächst darüber, ob dieser Einwand zulässig ist und mindestens

---

[23] Vgl. hierzu: Ensthaler, Jürgen: Gewerblicher Rechtsschutz und Urheberrecht, S. 124 sowie Dohrn, Matthias/Gruber, Stephan/Muir, Ian: Europäisches und Internationales Patentrecht, S. 123 ff., Rdn. 11.25 ff.

[24] Vgl. hierzu: Ilzhöfer, Volker: Patent-, Marken- und Urheberrecht, S. 64., Rdn. 181 sowie Ensthaler, Jürgen: Gewerblicher Rechtsschutz und Urheberrecht, S. 124

einer der in § 21 PatG aufgeführten Einspruchsgründe vorliegt. Nach Ablauf dieser Frist ist der Einspruch gemäß § 123 PatG nicht mehr zulässig.

Nachdem diese Einwendungen beim DPMA oder einer anderen zuständigen Behörde eingereicht wurde, ist zusätzliche eine Gebühr gem. §§ 3 und 6 PatKostG zu entrichten.

Es ist zu beachten, dass ein derartiger Einwand so formuliert sein muss, dass der Widerrufsgrund klar erkennbar ist und die Tatsachen, auf die er sich bezieht, begründet sind.

Gem. § 61 I PatG entscheidet dann die zuständige Patentabteilung durch Beschluss, inwieweit das Patent aufrechterhalten wird. Laut § 61 II PatG ist das Bundespatentgericht in den Fällen zuständig, in denen nur ein Beteiligter Einspruch einlegt und kein weiterer innerhalb von zwei Monaten nach Zustellung des Prüfungsantrages ebenfalls widerspricht. Weiterhin ist es für den Fall, dass seit mindestens 15 Monaten die Einspruchsfrist abgelaufen ist und die Prüfung auch hier von nur einem Beteiligten beantragt wurde, zuständig.

Nach §§ 59 III, 61 II PatG bleibt das Verfahren beim Deutschen Patent- und Markenamt immer nur dann, wenn es innerhalb der besagten drei Monate nach Antragstellung zu einer Anhörung lädt, die gerichtlich festgesetzt wird, oder es die Entscheidung über den Einspruch in der Zeit zustellt.

Wird ein Patent gem. §§ 21 und 61 PatG widerrufen, so geschieht dies *ex tunc*, das heißt rückwirkend. Hierbei wird sowohl die Wirkung des Patents gem. § 9 PatG als auch die Patentanmeldung gem. § 33 PatG rückwirkend für nichtig erklärt. Über die bis dahin entstandenen Kosten kann gem. § 62 PatG nach billigem Ermessen entschieden werden.

Gegen die Beschlüsse des DPMA ist das Rechtsmittel der Beschwerde (siehe Anlage 4) zulässig. In dem Fall wird vom Bundespatentgericht geprüft, inwiefern der Beschluss aus tatsächlichen und rechtlichen Aspekten realisiert wurde.

In nächst höherer Instanz kann das Rechtsbeschwerdeverfahren (siehe Anlage 5) vor dem BGH beantragt werden.[25]

---

[25] Vgl hierzu: Dohrn, Matthias/Gruber, Stephan/Muir, Ian: Europäisches und Internationales Patentrecht, S. 85 f., Rdn. 6.43 ff. sowie Ilzhöfer, Volker: Patent-, Marken- und Urheberrecht, S. 65 f., Rdn. 185 f.

C. Die Lizenzierung im Verhältnis zum Patent

I. Der Begriff der Lizenz

Zunächst verstand man unter dem Begriff *Lizenz* die Erlaubnis fremde Rechte ausschließlich nutzen zu dürfen. Dabei kam es nicht darauf an, ob dieses Nutzungsrecht „positiver Natur", d.h. ob man jemandem etwas gestattet, oder „negativer Natur" war, was so viel bedeutet wie der Verzicht auf die Abwehrrechte des Rechtsinhabers bei unerlaubter Nutzung der Rechte durch einen Dritten.

Im Laufe der Zeit wurden derartige Gestattungen auch dann als „Lizenz" bezeichnet, wenn sie sich auch lediglich auf die Mitbenutzung von Erkenntnissen im kaufmännischen, technischen oder medizinischen Bereich bezogen. [26]

Da diese Bezeichnung nicht nur auf gewerbliche Schutzrechte wie das Patent- und Gebrauchsmusterrecht oder auf eingetragene Marken beschränkt werden kann, sondern auch im Urheber- und Verlagsrecht Anwendung findet, lässt sich der Begriff der *Lizenz* wie folgt definieren:

„Die Gestattung der Nutzung der Rechte aus dem Patent oder der Anmeldung nennt/ man „Lizenz"; ein Vertrag zur Einräumung der Benutzererlaubnis und deren Regelung/ „Lizenzvertrag." [27]

Der Inhaber eines Schutzrechtes gestattet demnach einem Dritten die Nutzung an einer an sich dem Rechtsinhaber vorbehaltenen Erfindung.

Weiterhin können auch staatlich eingeräumte Sonderrecht wie beispielsweise die Spielerlaubnis in der ehemaligen DDR oder die UMTS-Mobilfunkrechte Gegenstand einer Lizenz sein. [28]

---

[26] Vgl. hierzu: Pfaff, Dieter: Lizenzverträge - Formularkommentar, S. 1 f., Rdn. 1 f. sowie Emmerich, Volker: Kartellrecht, S. 96, Rdn. 1 ff.
[27] Nirk/Ullmann: Patent-, Gebrauchsmuster- und Sortenschutzrecht, S. 161
[28] www.wikipedia.org/wiki/Lizenz

II. Lizenzarten

Im Urheberrecht unterscheidet man zwischen dem einfachen und dem ausschließlichen sowie dem beschränkten und unbeschränkten Nutzungsrecht, § 15 II PatG.

1. einfache Lizenz

Bei der einfachen Lizenz handelt es sich um eine schuldrechtliche Nutzungserlaubnis, die nur den Parteien, die im Lizenzvertrag fixiert sind, gewährt wird.

Dabei steht es dem Lizenzgeber gem. § 34 I UrhG frei, weitere Lizenzen an Dritte zu verkaufen oder zu übertragen. Gem. § 15 III PatG berührt ein Rechtsübergang oder die Erteilung einer weiteren Lizenz die vorher an einen Dritten erteilten Rechte nicht.

Weiterhin kann der Lizenznehmer nicht über die Lizenz frei verfügen, d.h. er darf sie nicht veräußern, belasten oder an eine weitere Person Unterlizenzen verkaufen, es sei denn, dieses Nutzungsrecht wurde dem Lizenznehmer als Inhaber eines bestimmten Betriebes gewährt. In dem Fall kann sie in der Regel zusammen mit dem Betrieb auf einen Dritten übertragen werden, § 34 III UrhG.[29]

2. ausschließliche Lizenz

Im Gegensatz zur einfachen Lizenz wirkt die ausschließliche als ein so genanntes *dingliches* Nutzungsrecht gegen jeden Dritten, weil sie eine beschränkte Übertragung des Patents darstellt. Der Urheber überträgt sein ausschließliches Nutzungsrecht an einen Dritten und behält sich keine eigenen Nutzungsrechte vor, d.h. er darf im Rahmen der erteilten Lizenz *keine weiteren Lizenzen* an Dritte erteilten. Dem Lizenznehmer gebührt das Recht, das Schutzrecht im vereinbarten Umfang unter Ausschluss aller Personen (negativer Inhalt), einschließlich des Lizenzgebers, diese selbst zu nutzen (positiver Inhalt).[30]

---

[29] Nirk/Ullmann: Patent-, Gebrauchsmuster- und Sortenschutzrecht, S. 161
[30] www.wtsh.de/wtsh/de/servicecenter_schutzrechte/faq/index.php-#anchor23

Weiterhin ist der Lizenznehmer dazu berechtigt weitere Nutzungsrechte an Dritte zu vergeben, jedoch nur mit Zustimmung des Urhebers gem. § 31 III UrhG.

Der Patentinhaber kann einer etwaigen Veräußerung oder Verpfändung an eine weitere Person entgegenwirken, in dem er dies vertraglich ausschließt.[31]

3. beschränkte Lizenz

Eine beschränkte Lizenz liegt immer dann vor, wenn der Lizenznehmer nicht die ausschließlichen Nutzungsrechte an einem Patent erworben hat, d.h. dass dieses Recht entweder auf eine bestimmte Zeit (Zeitlizenz), ein bestimmtes Gebiet oder Region (Bezirkslizenz) oder einen bestimmten Umfang bzw. eine bestimmte Stückzahl (Stücklizenz) vertraglich begrenzt ist.

Weiterhin kann sie auf eine bestimmte Nutzungsart, z.B. nur für die Fertigung bestimmter Produkte oder für die Verwendung im eigenen Unternehmen beschränkt werden.

Sollte der Lizenznehmer gegen diese vertraglich fixierten Bestimmungen verstoßen, kann der Patentinhaber oder ein anderer ausschließlicher Lizenznehmer gem. § 15 II 2 PatG in dessen Rechte eingreifen und das aus dem Patent erwachsene Recht gegen ihn geltend machen.

4. unbeschränkte Lizenz

Im Gegensatz zur beschränkten Lizenz erwirbt der Lizenznehmer bei einem unbeschränkten Nutzungsrecht alle rechtlichen Bereiche des Patentrechts, d.h. er ist weder zeitlich noch örtlich in seinen Rechtsansprüchen begrenzt. Er erlangt dieses Recht im vollen Umfang und ist auch nicht in Bezug auf den Umsetzungs- bzw. Einsatzort begrenzt.[32]

---

[31] Berlit, Wolfgang: Das neue Markenrecht, S. 199 f., Rdn. 346 ff.
[32] Vgl. hiezu: Nirk/Ullmann: Patent-, Gebrauchsmuster- und Sortenschutzrecht, S. 162 sowie Emmerich, Volker: Kartellrecht, S. 100 ff, Rdn. 12 ff.

III. Lizenzverträge

Die Bestimmungen des Lizenzvertrages sind gesetzlich nicht geregelt, obwohl dies diesem Vertragstyp in seiner praktischen und rechtlichen Bedeutung nicht gerecht wird (siehe Beispiel Anlage 6).

Noch vor kurzem enthielt das GWB in den §§ 17 ff. Bestimmungen über die Veräußerung und die Lizenzierung von Patenten, Gebrauchsmustern und (Sorten-) Schutzrechten, doch 2006 sind diese weggefallen.[33]

Prinzipiell können Lizenzverträge mündlich geschlossen werden.

Dem Lizenznehmer werden nicht nur einfache und exklusive Recht mit einem solchen Vertrag übertragen, sondern auch die Beschreibung des Lizenzgegenstandes sowie der Umfang des Nutzungsrechts werden zum Vertragsgegenstand. Verletzt der Lizenznehmer eines seiner Rechte, liegt es an ihm zu beweisen inwieweit ihm das Nutzungsrecht erteilt wurde. Existiert der Vertrag aber nur mündlich, liegt es auch an ihm diesen Abschluss mit dem Urheber oder einem anderen Berechtigten zu belegen.[34]

Im Industrie- und Handelssektor werden derartige Verträge für die Nutzung eines Patents, eines Gebrauchsmusters oder auch für die Nutzung einer Marke oder Software verwendet.

Im Verlagsbereich bedient man sich eines solchen Vertrages, wenn es sich um Urheberrechtsfragen handelt. Üblicherweise werden zwischen dem Urheber, z.B. dem Autor und dem Verlag oder aber zwischen zwei Verlagen, z.B. bei einer Übersetzungsversion, geschlossen.[35] So kann beispielsweise der Autor einem Verlag das Recht einräumen, sein Buch als Taschenbuch veröffentlichen zu dürfen und einem anderen das Recht, dieses Buch als gebundene Ausgabe herauszugeben.[36]

Es ist unüblich, dass mit Privatpersonen Lizenzverträge geschlossen werden, es sei denn, es handelt sich um Lizenzen für die

---

[33] Kling, Michael/Thomas, Stefan: Grundkurs Wettbewerbs- und Kartellrecht, S 396 f., Rdn. 424 ff.
[34] www.kanzlei-langlotz.de/lizenzvertrag.pdf, S. 2
[35] www.wikipedia.org/wiki/Lizenz
[36] www.kanzlei-langlotz.de/lizenzvertrag.pdf, S. 1

Nutzung freier Software, die pauschal jedem Nutzer angeboten werden, oder aber um lizenzpflichtige Software, wie dem Betriebssystem von Microsoft Windows XP. Vorteil der Lizenzbedingungen freier und lizenzpflichtiger Software ist aus Sicht des privaten Verbrauchers, dass sie nach bürgerlichem Recht als Allgemeine Geschäftsbedingung erachtet werden. Da diese aber erst Rechtskraft erlangen, wenn sie wirksam in den Vertrag zwischen Lizenzgeber und Lizenznehmer eingebunden und unterschrieben wurden, ist eine Schriftform an der Stelle unumgänglich und Privatpersonen sind, was die Beweislast betrifft, geschützt.[37]

---

[37] www.wikipedia.org/wiki/Lizenz

D. Der Patentverkauf als Rechtsübergang

I. Der Rechtsübergang eines Patents

Sowohl das Recht aus einem Patent als auch auf das Patent und der Anspruch auf die Erteilung eines Patents kann gem. § 15 I PatG durch Vererbung oder Veräußerung übertragen werden. Weiterhin kann durch eine Lizenz, siehe hierzu Kapitel C., dieses beschränkt und unbeschränkt auf einen Dritten übergehen. Dies gilt allerdings nur für alle vermögensrechtlich entstehenden Ansprüche, d.h. das Erfinderpersönlichkeitsrecht ist von einem derartigen Rechtsübergang ausgeschlossen. Das Erfinderpersönlichkeitsrecht ist das Recht, das allein der Erfinder an einem Patent besitzt, z.B. dass er als Erfinder im Falle der Patentanmeldung oder –veröffentlichung gem. §§ 37 I, 63 I PatG genannt wird. Eine Übertragung dieses Rechts ist deshalb nicht möglich, weil es als allgemeines Persönlichkeitsrecht des Erfinders erachtet wird und dieses nicht auf einen Anderen übertragen werden kann. Ein Verzicht des Erfinders auf dieses Recht ist nicht möglich.[38]

Prinzipiell kann bereits vor der Einreichung der Patentanmeldung das Recht an einer Erfindung an einen Dritten vererbt, übertragen oder veräußert werden. Einzige Voraussetzung hierfür ist die fertig gestellte Erfindung, d.h. sie muss so beschrieben sein, dass ein Fachmann sie ohne erfinderischen Aufwand mit seinem Fachwissen verstehen und umsetzen kann (siehe hierzu Kapitel B. I.).

Die Übertragung kann als Einzelrechtsnachfolge oder auch auf dem Weg der Gesamtrechtsnachfolge, z.B. durch die Fusion eines Unternehmens mit einem anderen oder durch eine Umwandlung, geschehen.

Sowohl bei dem hierbei entstehendem schuldrechtlichen Verpflichtungsgeschäft als auch bei der Übertragung bedarf es im deutschen Patentrecht keiner Formerfordernis. Gem. § 30 III PatG erfolgt lediglich die Eintragung des neuen Inhabers in die Patentrolle mit deklaratorischer Wirkung, d.h. das schon stattgefundene Rechtsgeschäft, die Übertragung, wird nur noch einmal festgestellt.[39] Die Eintragung der Änderung hat Legitimationswirkung, d.h. sie gilt als

---

[38] www.uni-muenster.de/Jura.itm/patentfs/kap3/304_persoenlichkeitsrecht.htm
[39] Osterrieth, Christian: Patentrecht, S. 93 f., Rdn. 173

eine Art Berechtigungsnachweis. So lange der neue Patentinhaber nicht eingetragen ist, bleibt der bisherige Anmelder als Patentinhaber bestehen und besitzt demnach alle Rechte an der Erfindung.

Bei der Veräußerung von Patenten gilt es im Folgenden zu klären, ob es sich hierbei um einen Rechtskauf gem. § 453 BGB oder um einen Sachkauf gem. §§ 433 ff. BGB handelt.

II. Die Veräußerung bzw. Übertragung eines Rechts (Rechtskauf)

Bei der Übertragung eines Rechts geht der Rechtsanspruch, beispielsweise an einer Erfindung oder Forderung, auf einen anderen Inhaber als den ursprünglichen über. Die mit dem Rechtsgeschäft der Veräußerung oder einer anderweitigen Übertragung, wie beispielsweise in Form einer Lizenz, erstrebte Rechtsfolge besteht also im Wechsel des Rechtsinhabers. Ein derartiger Übergang liegt auch dann vor, wenn ein Recht unter mehreren Inhabern geteilt werden soll (Teilung) oder wenn nur ein Teil, wie z.b. der Miteigentumsanteil, auf einen anderen übergehen soll.

Prinzipiell kann ein Recht wie folgt übertragen werden:

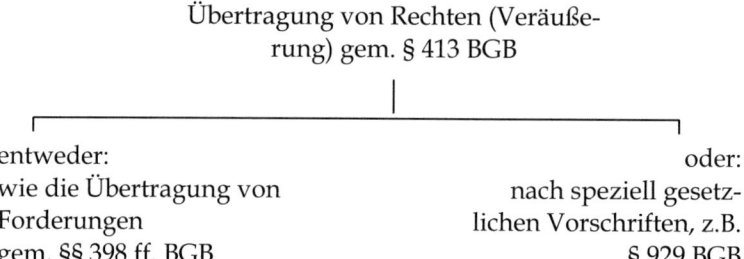

Übertragung von Rechten (Veräußerung) gem. § 413 BGB

entweder:
wie die Übertragung von Forderungen
gem. §§ 398 ff. BGB

oder:
nach speziell gesetzlichen Vorschriften, z.B.
§ 929 BGB

Wichtig ist hierbei der Grundsatz *lex spezialis* geht vor *lex generalis*, d.h. die speziellere gesetzliche Regelung geht der allgemeinen vor. Es gilt also erst zu prüfen, ob spezielle gesetzliche Bestimmungen für die Veräußerung eines bestimmten Rechts vorliegen. Ist das nicht der Fall, sind die §§ 398 bis 412 BGB über die Übertragung von Forderungen in Verbindung mit § 413 BGB anzuwenden.[40] Die Forderung gibt ihrem Inhaber, dem Gläubiger, das Recht, vom Schuldner eine Leistung, z.B. die Zahlung einer Geldsumme, zu verlangen.

---

[40] Schwab, Dieter: Einführung in das Zivilrecht, S. 200 f., Rdn. 437 ff.

Dieses Recht kann gem. §§ 398 ff. BGB auf einen neuen Gläubiger übergehen.[41] § 413 BGB besagt, dass diese Vorschriften analog auf die Übertragung anderer Rechte Anwendung findet.

Es ist zu beachten, dass der Schuldner an diesem Gläubigerwechsel nicht beteiligt ist und demnach gem. §§ 404 ff. BGB geschützt bleibt. Beispielsweise gilt dies für den Fall, dass er dem Altgläubiger hätte Einwendungen entgegensetzen können (Vgl. § 404 BGB) oder in Unkenntnis des Wechsels an den Altgläubiger zahlt (Vgl. § 407 BGB).[42]

In der Regel gelten für die Übertragung bzw. Veräußerung eines Rechts die Vorschriften des Forderungsübergangs.

1. Der Forderungsübergang

Gem. § 398 S. 1 BGB liegt der Forderung (Zession) ein Vertrag, der zwischen dem Inhaber der Zession (Zedent, bisheriger Gläubiger) und demjenigen, auf den sie übergehen soll (Zessionar, neuer Gläubiger), zu Grunde. In einem solchen Vertrag erklären beide Vertragsparteien, dass die Forderung des bisherigen Inhabers auf den neuen Gläubiger übergehen soll. Mit Abschluss dieses Abtretungsvertrages tritt der neue Gläubiger an die Stelle des bisherigen – er wird Inhaber der abgetretenen Zession und erhält somit alle aus der Zession resultierenden Recht.[43]

2. Der Kaufgegenstand

Kaufgegenstand kann jedes übertragbare Recht sein. Dazu gehören u.a. Forderungen, Erbbaurechte, Grundpfandrecht, Gesellschaftsanteile, Patenten und Anwartschaften.[44]

III. Die Übertragung bzw. die Veräußerung von Sachen (Sachkauf)

Die Übertragung von Rechten ist insbesondere dann von § 413 i.V.m. §§ 398 ff. BGB abweichend, wenn sich die Übertragung von

---

[41] Köhler, Helmut: BGB Allgemeiner Teil, S. 291, Rdn. 33
[42] Meyer, Justus: Wirtschaftsprivatrecht, S. 59
[43] Schwab, Dieter: Einführung in das Zivilrecht, S. 201 f, Rdn. 440
[44] Gursky, Karl-Heinz: Schuldrecht Besonderer Teil, S. 5

Rechten <u>auf</u> eine Sache bezieht. Bei dem Begriff *Sache* unterscheidet das Gesetz zwischen beweglichen und unbeweglichen Sachen. Unbewegliche Sachen sind gem. §§ 93 bis 95 BGB Grundstücke und ihre wesentlichen Bestandteile. Bewegliche Sachen sind nach § 90 BGB körperlich greifbaren Gegenstände, deren räumliche Lage änderbar ist.[45]

Ausführliche Regelungen zum Sachkauf enthalten die §§ 433 ff. BGB.

1. Pflichten des Verkäufers

Beim Sachkauf ist gem. § 433 I BGB die Verschaffungspflicht des Verkäufers durch zwei aufeinander folgende Hauptleistungspflichten definiert – die *Besitzverschaffungspflicht* und die *Rechtsverschaffungspflicht*.

a) Die Besitzverschaffungspflicht

Der Verkäufer ist grundsätzlich dazu verpflichtet, die Sache an den Käufer zu übergeben, d.h. ihm den unmittelbaren Besitz an dieser zu verschaffen (vgl. § 854 BGB).

Gemäß § 1006 I BGB muss der Veräußerer auch Besitzer des Kaufgegenstandes sein, d.h. er muss die tatsächliche Sachherrschaft über diesen ausüben.

Durch eine entsprechende Vereinbarung der Vertragsparteien kann der Käufer auch nur den mittelbaren Besitz an einer Sache gem. § 868 BGB erlangen. Während der unmittelbare Besitzer eine direkte Beziehung zu einer Sache hat, kann der mittelbare Besitzer nicht direkt auf diese zugreifen. Ihm ist ein Dritter als unmittelbarer Besitzer vorgeschalten.[46]

Durch die Erfüllung der Besitzverschaffungspflicht erhält der Käufer gegenüber dem Verkäufer das *Recht zum Besitz* (vgl. § 986 I 1 BGB) an dem veräußerten Gegenstand. Dieses Recht kann durch die Einrede der Verjährung oder durch Erlöschen nicht verfallen, da

---

[45] Wolf, Manfred: Sachenrecht, S 6 ff., Rdn. 12 ff.
[46] Vgl. hierzu: Meyer, Justus: Wirtschaftsprivatrecht, S. 57 sowie Wolf, Manfred: Sachenrecht, S 81, Rdn. 175

sich dieses auf den Besitzverschaffungsanspruch begründet und mit Vertragsschluss erfüllt worden ist.[47]

b) Die Rechtsverschaffungspflicht

Weiterhin ist der Verkäufer dazu verpflichtet, dem Käufer das Eigentum an einer Sache zu verschaffen, d.h. er muss durch die *Übereignung* Eigentümer werden. Im Zweifel erstreckt sich diese Pflicht auch auf das Zubehör der veräußerten Sache, § 311c BGB.[48] Zubehör gem. 97 BGB sind alle beweglichen Sachen, die dem wirtschaftlichen Zweck der Hauptsache dienen, ohne dass sie Bestandteile der Hauptsache sind, und zu ihr in einem dieser Bestimmung räumlichen Verhältnis stehen.

Grundform der *Übereignung* ist gem. § 929 Satz 1 BGB die *Einigung* und *Übergabe*. Käufer und Verkäufer sind sich darüber einig, dass der Käufer das Eigentum an der zu veräußernden Sache erlangen soll. Ferner übergibt der Veräußerer dem Erwerber die Sache, d.h. er verschafft ihm den Besitz an dieser, während er jegliche Besitzansprüche an ihr verliert.

Nach § 929 Satz 2 BGB kann der Erwerber auch schon im Besitz der Sache sein. Demnach bedarf es keiner Übereignung, da diese, wie auch die Abtretung, durch den bloßen Verfügungsvertrag geschieht, so genannte *bloße Einigung*.

Im Falle des § 930 BGB kann der Verkäufer auch nach dem Eigentumsübergang unmittelbarer Besitzer an einer Sache bleiben. Hierbei kann die Übergabe durch ein so genanntes *Besitzmittlungsverhältnis* zwischen Verkäufer und Käufer begründet sein. Ein derartiges Verhältnis garantiert dem Erwerber den mittelbaren Besitz an dem Kaufgegenstand.

Ist nicht der Veräußerer sondern ein Dritter im Besitz der Sache, kann gem. § 929 Satz 1 BGB eine Übereignung nur dann stattfinden, wenn der Verkäufer wieder Besitzer der Sache ist. Laut Gesetzgeber wäre dies unzweckmäßig. § 931 besagt, dass in diesem Fall der Verkäufer auch die Möglichkeit besitzt seinen Herausgabeanspruch, den er gegen diesen Dritten hat, abzutreten. Die Abtretung des Herausgabeanspruchs ersetzt demnach die Übergabe. In dem Fall ge-

---

[47] Gursky, Karl-Heinz: Schuldrecht Besonderer Teil, S. 9
[48] Vgl. hierzu: Wolf, Manfred: Sachenrecht, S 250 ff., Rdn. 528 ff. sowie Gursky, Karl-Heinz: Schuldrecht Besonderer Teil, S. 9

schieht die Übereignung durch Einigung und Abtretung des Herausgabeanspruchs.[49]

c) Weitere Pflichten des Verkäufers

Weiterhin muss die zu veräußernde Sache gem. § 434 BGB frei von Sachmängeln sein. Dies ist immer dann der Fall, wenn sie bei Gefahrübergang (vgl. §§ 446 ff. BGB) die vereinbarte Beschaffenheit und keine Materialfehler oder sonstige Mängel aufweist.

Demnach ist ei Kaufgegenstand immer dann von Sachmängeln behaftet, wenn der tatsächliche Zustand der Sache, die *Ist-Beschaffenheit*, vom dem eigentlichen, vertraglich vereinbarten, Zustand, der *Soll-Beschaffenheit*, abweicht und diese Divergenz für den Käufer zum Nachteil erwächst.[50]

2. Pflichten des Käufers

Aus den gesetzlichen Bestimmungen des § 433 BGB erwachsen dem Käufer nachstehende Pflichten:

a) Kaufpreiszahlung

Gemäß § 433 II BGB ist der Käufer verpflichtet dem Verkäufer den vereinbarten Kaufpreis zu zahlen. Kommt er dieser Verpflichtung nicht nach, befindet er sich im Verzug, dem so genannten Schuldnerverzug, und der Verkäufer ist gem. §§ 280 ff. BGB dazu berechtigt, zusätzlich zu der Kaufpreiszahlung, Verzugszinsen zu erheben und deren Zahlung zu verlangen.

b) Abnahme der Kaufsache

Des Weiteren besteht gem. § 433 II BGB neben der Pflicht der Kaufpreiszahlung an den Verkäufer auch die Pflicht zur Abnahme der veräußerten Sache. Damit soll der Verkäufer von dem unmittelbaren Besitz an dem Kaufgegenstand entlastet werden. Demnach ergibt sich aus dem Kaufvertrag nicht nur die Berechtigung sondern auch die Pflicht zur Abnahme des Veräußerungsgegenstandes. Bei einer Nichtabnahme gerät der Schuldner mit der Folge, des Scha-

---

[49] Schwab, Dieter: Einführung in das Zivilrecht, S. 203, Rdn. 442
[50] Gursky, Karl-Heinz: Schuldrecht Besonderer Teil, S. 9

densersatzanspruches des Gläubigers gem. §§ 280 ff. BGB, in Verzug.[51]

c) Die Verbindung zwischen Käufer- und Verkäuferpflichten

Der Kaufvertrag ist ein gegenseitiger Vertrag und alle aus ihm erwachsenen Pflichten für Käufer und Verkäufer sind gemäß der Vorschriften der §§ 320 ff. BGB anzuwenden. Das betrifft insbesondere die Pflichten des Veräußerers in Bezug auf die Verschaffung von Besitz und Eigentum einerseits und die des Erwerbers zur Kaufpreiszahlung und Abnahme des Kaufgegenstandes andererseits.[52]

IV. Die Patentveräußerung unter den zivilrechtlichen Aspekten des Rechts- und Sachenkaufs

Fraglich ist, ob die Veräußerung eines Patents als Rechts- oder Sachenkauf zu definieren ist.

1. Die Patentveräußerung als Rechtskauf

Wie unter Gliederungspunkt D. II beschrieben, wird bei einem Rechtskauf das Recht an einer Sache, wie beispielsweise einer Erfindung, übertragen.

Prinzipiell gilt der Grund *lex spezialis* geht vor *lex generalis*. Da die Patentveräußerung weder im Bürgerlichen Gesetzbuch noch im Patentgesetz oder der Patentverordnung geregelt ist, sind gem. § 413 die §§ 398 ff. BGB analog auf die Übertragung jeglicher Rechte anzuwenden.[53]

a) Der Rechtsübergang

Gemäß der Bestimmungen des § 398 Satz 1 BGB muss der Patentübertragung ein Vertrag, der zwischen dem Patentinhaber und demjenigen, auf den das Recht an dem Patent übergehen soll, zu Grund liegen. Mit Abschluss des Abtretungsvertrages tritt der neue Patentinhaber an die Stelle des bisherigen und erhält alle aus diesem

---

[51] Vgl. hierzu: Meyer, Justus: Wirtschaftsprivatrecht, S. 56 ff. sowie Medicus, Dieter: Schuldrecht II, S. 11 ff., Rdn. 27 ff.
[52] Medicus, Dieter: Schuldrecht II, S. 13 , Rdn. 33
[53] Vgl. hierzu Gliederungspunkt D. II

Schutzrecht resultierenden Recht, ausgenommen des Erfinderpersönlichkeitsrechtes.

b) Der Kaufgegenstand

Kaufgegenstand bei einer derartigen Übertragung ist jedes Recht, dass der Patentinhaber an einer Erfindung hat, das heißt er besitzt das alleinige Recht, diese in die Realität umzusetzen, für sich selbst zu nutzen und weitere Nutzungsrecht in Form von Lizenzen an Dritte zu übertragen.

c) Fazit

Die Übertragung erfolgt demnach gem. § 413 i.V.m. §§ 398 ff. BGB, da es sich um die Übertragung eines Rechts handelt. Man spricht hier von einem *Verfügungsgeschäft*, weil einem Dritten ein bestimmtes Recht, wie z.B. das an einem Patent, zustehen soll. Die mit der Verfügung erstrebte Rechtsfolge beinhaltet eine Veränderung an diesem Recht.[54]

Fraglich ist, ob die Übertragung eines Patents in Form der Veräußerung auch ein Sachkauf gem. §§ 433 ff. BGB sein kann. Nach § 453 BGB sind die Vorschriften über den Kauf von Sachen analog auf den Kauf von Rechten und sonstigen Gegenständen anzuwenden.

2. Die Patentveräußerung als Sachkauf

Wie unter Gliederungspunkt D.III beschrieben, handelt es sich bei dem Sachkauf um eine Übertragung von Rechten auf eine Sache, die entweder beweglich oder unbeweglich sein können. Gemäß § 90 sind *bewegliche Sache* alle körperlich greifbaren Gegenstände, deren räumliche Lage veränderbar ist. Da das Recht an einer Erfindung nicht körperlich greifbar ist, lässt sich dieses nicht als bewegliche Sache definieren.

Fraglich ist, ob das Recht an einer Erfindung als *unbewegliche Sache* verstanden werden kann. Gemäß §§ 93 bis 99 BGB versteht man unter unbeweglichen Sachen Grundstücke und deren wesentli-

---

[54] Schwab, Dieter: Einführung in das Zivilrecht, S. 198 Rdn. 434

che Bestandteile, wie beispielsweise Bäume. Demnach ist das Patent keine unbewegliche Sache.

Folglich sind Rechte an einer Erfindung nicht als *Sache* im Sinne des Gesetzgebers zu definieren.

Fraglich ist jedoch, ob die Patentschrift, die gem. § 90 BGB eine bewegliche Sache darstellt, veräußert werden kann und somit das Recht an einem bzw. auf ein Patent auf einen anderen übergehen kann. Demnach würde Veräußerung eines Schutzrechtes ein Sachkauf sein.

a) Pflichten des Patentinhabers als Verkäufer

Gemäß der Vorschriften des § 433 I BGB ist die Verschaffungspflicht des Verkäufers durch zwei aufeinander folgende Hauptleistungspflichten definiert – die *Besitzverschaffungspflicht* und die *Rechtsverschaffungspflicht*.

aa) Die Besitzverschaffungspflicht

Der Veräußerer ist grundsätzlich dazu verpflichtet, die Patentschrift an den Verkäufer zu übergeben, d.h. ihm den unmittelbaren Besitz an ihr zu verschaffen. Hierfür muss er die tatsächliche Sachherrschaft über diese ausüben.

Durch die Erfüllung der Besitzverschaffungspflicht erhält der Käufer gegenüber dem Verkäufer des Patents das *Recht zum Besitz.*[55]

bb) Die Rechtsverschaffungspflicht

Weiterhin muss der Verkäufer dem Käufer das Eigentum an der Sache, in dem Fall die Patentschrift, verschaffen, d.h. der Erwerber wird durch die Übereignung neuer Eigentümer. Da sich diese Pflicht auch im Zweifel auch auf das Zubehör der veräußerten Sache gem. § 311c BGB erstreckt, müssen auch alle weiteren Dokumente, wie beispielsweise die Beschreibung der Erfindung sowie Skizzen, Baupläne und alle weiteren Unterlagen, die bei der Anmeldung erforderlich waren, an den Käufer übergehen.

Die Patentschrift wird gem. § 929 Satz 1 BGB durch die *Einigung* und *Übergabe* übereignet. Das bedeutet, Käufer und Verkäufer

---

[55] Vgl. hierzu Gliederungspunkt D. III. 1a

müssen sich darüber einig sein, dass das Eigentum an der Patentschrift, einschließlich aller weiteren der Patentschrift zugehörigen Dokumente, auf den Käufer übergehen soll. Ferner übergibt der Veräußerer dem Erwerber die Patentschrift, d.h. er verschafft ihm den Besitz an dieser und verliert demnach jegliche Besitzansprüche. Des Weiteren ist sich der Verkäufer darüber im Klaren, dass er mit der Übergabe der Patentschrift auch das Recht an der Erfindung verliert.[56]

cc) Weitere Pflichten des Patentinhabers als Verkäufer

Gemäß § 30 III PatG muss der Verkäufer den Inhaberwechsel mit deklaratorischer Wirkung in die Patentrolle eintragen lassen.

Laut der Vorschriften des §§ 434 und 453 III BGB hat die veräußerte Sache frei von Sachmängeln zu sein. Der Kaufgegenstand ist immer dann mit Sachmängeln behaftet, wenn der tatsächliche Zustand, die *Ist-Beschaffenheit*, von dem eigentlichen, vertraglich vereinbarten Zustand, der *Soll-Beschaffenheit*, abweicht und diese Divergenz für den Käufer zum Nachteil erwächst. Dies wäre hier z.B. der Fall, wenn die Patentschrift dermaßen in Mitleidenschaft gezogen wurde, dass wichtige Informationen, wie beispielsweise Patentnummer und –gegenstand, nicht mehr zu erkennen sind und nicht mehr nachvollziehbar ist, um welches Patent es sich handelt.

b) Pflichten des Patenterwerbers als Käufer

Gemäß § 433 BGB muss der Käufer zum Einen den vereinbarten Kaufpreis zahlen und zum Anderen dem Verkäufer die Patentschrift, inklusive aller weiteren Dokumente, abnehmen. Kommt er dieser Verpflichtung nicht nach, gerät er in Verzug und der Verkäufer kann gem. §§ 280 ff. Schadensersatz verlangen.

c) Die Verbindung zwischen Patentverkäufer- und Patenterwerberverpflichten

Wie unter Gliederungspunkt D. III. 2c beschrieben, ist der Kaufvertrag ein gegenseitiger Vertrag und alle aus ihm erwachsenen Pflichten für Patenterwerber und Patentverkäufer sind gemäß der Vorschriften der §§ 320 ff. BGB anzuwenden. Das betrifft insbe

---

[56] Vgl. hierzu Gliederungspunkt D. III. 1b

sondere die Pflichten des Veräußerers in Bezug auf die Verschaffung von Besitz und Eigentum einerseits und die des Erwerbers zur Kaufpreiszahlung und Abnahme der Patentschrift andererseits.

d) Fazit

Gemäß der oben getroffenen Ergebnissen, handelt es sich bei der Veräußerung der Patentschrift um einen Sachenkauf gem. §§ 433 ff. i.V.m. § 320 ff. BGB.

Da für die Beteiligten diverse Verpflichtungen entstehen, spricht man bei dem Verkauf der Patentschrift gem. § 453. i.V.m. §§ 433 ff. BGB von einem *Verpflichtungsgeschäft*.[57]

Sowohl Verpflichtungs- als auch Verfügungsgeschäft können in der Praxis jedoch nicht getrennt voneinander betrachtet werden; sie bilden eine Einheit. Da mit der Übertragung der Patentschrift auch gleichzeitig das Recht an der Erfindung gem. §§ 398 ff. BGB übergeht und umgekehrt.

Demzufolge handelt es sich bei der Patentveräußerung als gesamtes Rechtsgeschäft sowohl um einen Sach- als auch um einen Rechtskauf.

---

[57] Schwab, Dieter: Einführung in das Zivilrecht, S. 187, Rdn. 413

E. Veräußerungsarten eines Patents

I. Allgemein

Wie in der Einleitung schon erwähnt, gibt es viele Gründe, Patente zu verkaufen. Nicht nur, dass Unternehmen und Einzelerfindern oft das nötige Kapital fehlt, um ihre Visionen verwirklichen zu können, sondern auch die Tatsache, dass für das Schutzrecht neben der einmaligen Anmeldegebühr (ca. 4.500 Euro für ein europäisches Patent zuzüglich Anwalts- und Übersetzungskosten) auch jährlich Gebühren anfallen, sind eine enorme finanzielle Belastung. Schließlich können sich diese über einen Zeitraum von 20 Jahren erstrecken. Nach Angaben des Deutschen Patent- und Markenamtes belaufen sich die Gesamtkosten für die Aufrechterhaltung eines Europapatents über eine solche Zeitspanne auf ca. 31.000 Euro.[58] Aus diesem Grund werden Patente und Lizenzen, die nicht zu den Kerngeschäften eines Konzerns zählen und sich im Laufe der Unternehmensentwicklung für dieses als nutzlos herausstellten, verkauft. Mit einer derartigen Veräußerung können Unternehmer die Rendite ihrer Forschungsausgabe signifikant erhöhen.

Ordentlich bewertete Patente dienen nicht nur dem Patentinhaber, sondern auch dem Anleger bzw. Käufer, da sie, im Gegensatz zum Unternehmen, sicher sind. Denn, wenn der Betrieb schlecht wirtschaftet und deshalb Konkurs anmelden muss, besteht das Patent weiterhin und der Eigentümer kann es weiter verwerten.

Im Jahr 2005 wurden ca. 60.000 Innovationen allein in Deutschland angemeldet, das bedeutet 160 Patente an einem Tag. Deren Handel hält sich jedoch, trotz hoher Anmeldzahlen, in Grenzen. Für Patente und Lizenzen wird an ausländische Konzerne heutzutage immer noch mehr gezahlt als eingenommen. Dabei zählen die Deutschen zu den aktivsten Erfindern weltweit. Auf Grund dessen haben Banken vorgeschlagen Wertpapiere auf Patente zuzulassen. Da sich aber der Wert eines Patents schwer einschätzen lässt, gestaltet sich der Handel mit ihnen als schwierig.

Mittlerweile gibt es erste Unternehmen, die sich darauf spezialisiert haben, Innovationen danach zu bewerten, wie viel Geld eine

---

[58] Vgl. hierzu: Artikel der Stuttgarter Zeitung vom 02.06.2007

Erfindung einbringen kann und was eine andere Technik für die Lösung des gleichen Problems kosten würde.[59]

Einen Anhaltspunkt darüber, was ein derartiges Schutzrecht Wert ist, geben zum Einen Patentversteigerungen und zum Anderen Patentfonds. Derartige Veräußerungsmöglichkeiten dienen in erster Linie der Gewinnung von Liquidität.

II. Die Patentveräußerung mit Hilfe der Patentversteigerung

1. Allgemein

Die weltweit erste öffentliche Patentversteigerung fand Anfang 2003 in Japan statt, gefolgt von drei weiteren in den USA. Seit August 2005 lagen Gebotseinnahmen der veräußerten Patente zwischen sieben und 22 Mio. US-Dollar. Im letzten Jahr wurden sogar Schutzrechte im Wert von rund 650 Mio. US-Dollar versteigert, die Unternehmensfusionen und –übernahmen nicht mit eingerechnet.[60]

Am 14. und 15. Mai diesen Jahres wurden in München zum ersten Mal in Europa Schutzrechte im Rahmen einer öffentlichen Versteigerung veräußert. Bei den Patent- und Lizenzanbietern handelte es sich um renommierte Unternehmen, wie die Asea Brown Boveri, ein Konzern für Elektrotechnik; der Triebwerkhersteller Rolls-Royce Deutschland; die Bayer Tochter Bayer Innovation sowie die BASF, ein Chemiekonzern.[61] Neben diesen Firmen boten aber auch Hochschulen, Forschungseinrichtungen, wie die Frauenhofer Gesellschaft, und einzelne Erfinder ihre Patente, Lizenzen und Markenrechte zur Veräußerung an. 60 Prozent der mehr als 70 Versteigerungsposten waren deutscher Herkunft. Insgesamt wurden mehr als 300 Schutzrechte an Bieter in aller Welt verkauft. Das Mindestgebot eines Veräußerungspostens, der bis zu 30 Einzelschutzrechte umfasste, lag bei 25.000 Euro.[62]

---

[59] Vgl. hierzu: Artikel der Frankfurter Allgemeinen Sonntagszeitung vom 29.10.2006 sowie die Broschüre: ALPHA PATENTFONDS – Kurzinformation der ALPHA PATENTFONDS GmbH & Co. KG

[60] www.handelsblatt.com/news/Unternehmen/Finanzierung/_pv/_p/-203992/_t/ft/_b/1274679/default.aspx/aus-patenten-geld-machen.html

[61] www.pro-physik.de/Phy/leadArticle.do?laid=8957

[62] www.br-online.de/wissen-bildung/artikel/0705/15-patentversteigerung/index.xml

Es kamen hauptsächlich Schutzechte aus den Bereichen Maschinenbau, Life Science, Automobil- und Umwelttechnologie in München zur Versteigerung, so z.B. ein System zur elektrisch steuerbaren Einfärbung von Glasflächen – einsetzbar für Anzeigetafeln; eine Software, die das Risiko für die Autohaftpflichtversicherung in Abhängigkeit diverser Variablen, wie beispielsweise die Fahrleistung, kalkuliert oder die Namensrechte für den Futtermittelzusatz *Nutri Care* von BASF.

Europas erste Patentversteigerung wurde von der IP-Auctions GmbH, einer Tochter der Patentverwertungsgesellschaft IPB Hamburg organisiert. Diese plant eine zweite Auktion Ende diesen Jahres. Hierbei sollen verstärkt klein- und mittelständische Unternehmen als Käufer und Verkäufer angesprochen werden, da die Patentversteigerung als Möglichkeit der Unternehmensfinanzierung in Deutschland wenig verbreitet bzw. unbekannt ist. Im Gegensatz zu Deutschland erkannten die USA schon vor Jahren, welches Potenzial in einem Patent steckt und wie man dieses effektiv nutzen kann.[63]

2. Das Versteigerungsverfahren

Bei einer Patentversteigerung bleiben der Veräußerer und der Erwerber häufig anonym, d.h. beispielsweise, dass ein Dritter bevollmächtigt wird im Namen des potenziellen Käufers Gebote abzugeben. Diese können sowohl schriftlich als auch telefonisch erfolgen. Die Wahrung der Anonymität gewährleistet, dass konkurrierende Unternehmen in Unkenntnis darüber bleiben, wer welches Schutzrecht veräußert und wer neuer Inhaber wird.

Prinzipiell werden die Gebote offen, d.h. für jedermann hörbar, abgegeben. Wie eine Auktion stattfinden soll, entscheidet der Verkäufer. Man unterscheidet hierbei zwischen der Methode der *Holländischen* und der *Englischen Auktion*.

a) Die Holländische Auktion

Bei dieser Methode setzt der Auktionator, nach Absprache mit dem Patentinhaber, einen Höchstpreis fest und senkt diesen dann so

---

[63] www.handelsblatt.com/news/Unternehmen/Finanzierung/_pv/_p/-203992/_t/ft/_b/1274679/default.aspx/aus-patenten-geld-machen.html

lange, bis sich der erste Bieter meldet. Dieser erhält dann den Zuschlag.

Diese Art der Versteigerung wurde ursprünglich für den Handel mit Obst, Gemüse und Blumen entwickelt. Heutzutage dient sie typischerweise bei den meisten Lebensmittelgeschäften, aber auch weiterhin im Blumenhandel.[64]

b) Die Englische Auktion

Hierbei bietet der Auktionator, wieder nach Absprache mit dem Patentinhaber, das Patent zu einem Mindestpreis an und die Interessenten erhöhen den Preis durch die Abgabe höherer Gebote sukzessiv. Derjenige, der zum Schluss das höchste Gebot abgeben hat, erhält den Zuschlag.[65]

Die Englische Auktion ist die gängigste und am Häufigsten verwendete. Da der Patentverkäufer jedoch darüber entscheidet, welche er bevorzugt, ist es auch möglich, dass beide - sowohl Holländische als auch Englische – Ersteigerungsmethoden bei einer derartigen Veranstaltung angewendet werden; so geschehen im Mai 2007 in München.[66]

Nachdem der Käufer den Zuschlag für sein Gebot bekommen hat, wird das Recht am Patent, wie unter Kapitel D beschrieben, mittels Abtretungsvertrag gem. § 398 i.V.m. § 413 BGB übertragen.[67]

3. Vorteile der Patentversteigerung

Sind ausreichend Interessenten vorhanden und wird nach der Methode der Englischen Auktion ersteigert, ist es vorstellbar, dass der Verkäufer sein Patent auch über dessen tatsächlichen Wert veräußern kann.

Es muss kein Unternehmen beauftragt werden, dass eine Bewertung der Innovation vornimmt. Die Bewertung findet durch den Interessenten statt. Dieser verfügt in den meisten Fällen über ein

---

[64] Vgl. hierzu: Vortrag Gülnur Köktürk und Qinghua Cao: Auktionen – Wettbewerb um den Markt
[65] Vgl. hierzu: Vortrag Gülnur Köktürk und Qinghua Cao: Auktionen – Wettbewerb um den Markt
[66] Vgl. hierzu: Artikel der Stuttgarter Zeitung vom 02.06.2007
[67] Vgl. hierzu: Kapitel D

ausführliches Fachwissen und kann daher einschätzen, welcher Preis für dieses Schutzrecht angemessen ist.

Der Veräußerer erlangt kostengünstig Liquidität und muss keine Darlehen oder Kredite zu teilweise überhöhten Zinsen aufnehmen. Es kommt zu einer Eigenkapitalstärkung und einem Anstieg der Investitionsmittel.

Weiterhin kann der ursprüngliche Patentinhaber vom Erwerber Lizenzen an der Innovation erkaufen und so weiterhin Rechte an dieser besitzen.

Dadurch, dass Verkäufer und Käufer in den meisten Fällen anonym bleiben, sind Marktvorteile konkurrierender Unternehmen nahezu ausgeschlossen.

4. Nachteile der Patentversteigerung

Dadurch, dass die Patentversteigerung als Möglichkeit der Unternehmensfinanzierung relativ unbekannt ist, nehmen nur wenige Interessenten an einer derartigen Veranstaltung teil. Folglich werden Patente häufig unter ihrem eigentlichen Wert veräußert.

Des Weiteren nehmen immer noch überwiegend große und renommierte Konzerne an einer Patentversteigerung teil, die auf Grund der fehlenden Bekanntheit mit einem relativ kleinen finanziellen Aufwand kostengünstig Patente erwerben können. Klein- und mittelständische Unternehmen stehen oftmals, auch weil ihnen das Kapital fehlt, um den Großunternehmen zu konkurrieren, außen vor.

III. Die Patentveräußerung mit Hilfe von Patentfonds

1. Allgemein

Anhand des Verkaufspreises bei einer Patentversteigerung lässt sich nur in etwa der Wert eines Patents bestimmen. Auf Grund dessen ist diese Art der Bewertung und Veräußerung sehr riskant. Einen genaueren Aufschluss darüber, was ein Patent wert ist, geben die so genannten Patentfonds.

Wie unter E.I.1 beschrieben, haben sich in den vergangenen drei bis vier Jahren einige Unternehmen darauf spezialisiert Erfindungen und Technologien zu bewerten. Zu den bekanntesten Unternehmen gehören u.a. das Steinbeis-Zentrum für Technologiebewertung und Innovationsberatung, das beispielsweise von der Credit Suisse beauftragt wird, und die IPB-AG. Anhand deren Bewertung kaufen Fondgesellschaften vielversprechende Patente, vor allen Dingen von kleinen Unternehmen und einzelnen Erfindern. Diese Patente werden in einem Fond gesammelt und nach einigen Jahren zu einem wesentlich höheren Preis veräußert. Ihre Rendite ziehen diese Fonds aus den Lizenzgebühren, die die Erfinder an die Fondgesellschaften zahlen, und aus dem Weiterverkauf einzelner Patente, die nicht mit in den Fond einfließen können. Oftmals lassen sich Patentinhaber Lizenzen an ihrer Erfindung geben, weil sie dann weiterhin diverse Rechte an ihr besitzen. Außerdem können sie häufig nicht einschätzen, was ihre Innovation wert ist. Mit Hilfe der Patentfonds wird eine Bewertung vorgenommen und die Erfinder erhalten gleichzeitig Kapital für ihre Unternehmen.

Der Einfluss von Patentfonds am Deutschen Börsen- und Finanzmarkt erstärkt immer mehr. Speziell für klein- und mittelständische Unternehmen spielt der Handel mit Patenten eine immer größere Rolle.

2005 bot die Credit Suisse erstmals ihren wohlhabenden Kunden einen geschlossenen Fond an, der in Patente investiert. Bereits nach sechs Wochen, war dieser gefüllt, obwohl die Credit Suisse davon ausging, dass dies erst nach 12 bis 16 Wochen geschehen würde. Demnach ist das unternehmerische Interesse an derartigen Veräußerungs- und Anlagemöglichkeiten sehr hoch.

Die Konkurrenz, die Deutsche Bank, schloss einige Zeit später ein Patentpaket zu einem Fond, dem *Patent Select I*, zusammen.

Allerdings liegt die Mitbeteiligungssumme der Patentfonds der Credit Suisse und der Deutschen Bank bei 50.000 Euro, was bedeutet, dass lediglich wohlhabende Kunden und Anleger angesprochen werden.

Eine kostengünstigere Alternativen bietet die Fondgesellschaft Alpha Patentfonds GmbH, bei der Investoren schon mit 10.000 Euro einsteigen können.[68]

---

[68] Vgl. hierzu: Artikel der Frankfurter Allgemeinen Sonntagszeitung vom 29.10.2006

2. Die Patentbewertung

Patente werden prinzipiell objektiv bewertet, was eine gewisse Transparenz gewährleistet. Derartige Bewertungen dienen nicht nur der Wertermittlung der Innovation, sondern sind u.a. auch bei Finanzierungsfragen, Lizenztransaktionen, Kooperationen oder steuerlichen Fragestellungen entscheidend.

Auftraggeber der Bewertungsgesellschaften sind nicht nur Kreditinstitutionen, wie die Credit Suisse und die Deutsche Bank, sondern auch andere Kapitalgeber, Wirtschaftsprüfer oder nationale und internationale Finanzbehörden.[69]

Hat sich der Patentinhaber einmal dazu entschieden sein Schutzrecht auf diesem Weg zu veräußern, prüft erst die Bewertungsgesellschaft dieses auf die ökonomischen Aspekte, also auf die Wirtschaftlichkeit eines Patents, und dann der (Patent-) Anwalt auf dessen juristische Stabilität. Bei einem positiven Prüfungsergebnis dienen die gesammelten Informationen zur transparenten Gestaltung der Konditionen, wie z.B. eine Vorauszahlung des Verkaufspreises. Daraufhin folgt die Verwertung des Patents, d.h. die Veräußerung, Lizenzierung oder juristische Durchsetzung (siehe Anlage 7).

3. Das Patentbewertungsverfahren

Patente werden gewöhnlicher Weise auf drei Arten bewertet; durch den Kosten-, den Ertrags- und den Marktwertansatz. Ertragswertverfahren sind z.B. der Discounted-Cashflow-Ansatz und die Lizenzanalogie.[70]

---

[69] www.ipb-ag.de/02_Patentbewertung.htm
[70] www.ipb-ag.de/02_Patentbewertung-Details.htm

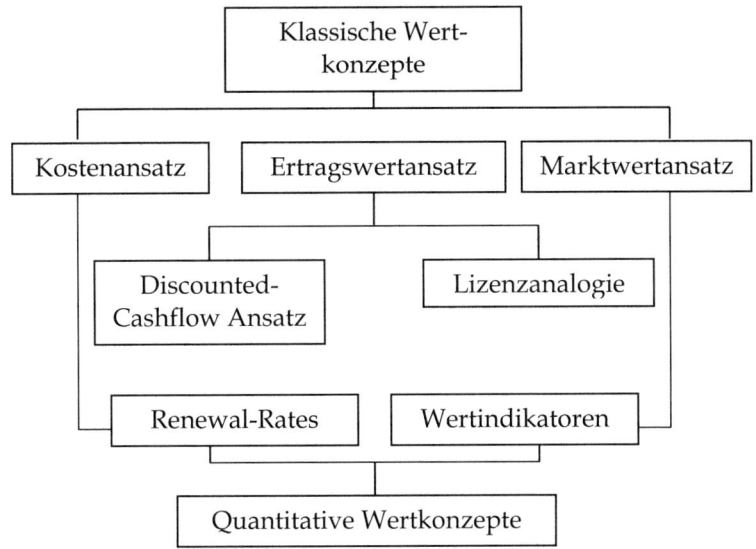

a) Der Kostenansatz

Bei der Bewertung nach der Methode des Kostenansatzes kommt es darauf an, dass der Zeitwert, *faire value*, nicht die Kosten übersteigen soll, die zum Einsatz des Vermögenswertes des Patentes aufgewendet werden müssten, d.h. der Wert, der bei einem entstandenen Schaden entsteht. Dabei gilt es die aktuellen Kosten, die bei einer Erneuerung / Reproduktion aufgebracht werden müssten, einzubeziehen, die so genannten *renewal-rates*.

Häufig werden jedoch diejenigen Kosten, die auf Grund der Inflation und der damit im Zusammenhang stehenden Wertminderung der Erfindung anfallen, berechnet.

Die Bewertung mit Hilfe des Kostenansatzes wird vorzugsweise bei Software-Patenten angewendet.[71]

b) Der Ertragswertansatz

Die Bewertung anhand des Ertragswertes / Einkommens ist die komplizierteste und umfangreichste. Hierbei werden die künftigen

---

[71] Broschüre KPMG: Dimensionen - Die Fachzeitschrift der KPMG-Alpen Treuhand Austria Gruppe

Einzahlungsüberschüsse sowie ein angemessener Kapitalkosten-
zinssatz ermittelt, um den aktuellen Barwert eines Patents bestimmen zu können.

aa) Der Discounted Chashflow Ansatz (DCF-Ansatz)

Beim DCF-Ansatz wird die Lebensdauer einer Erfindung und
an dieser die erwarteten Zahlungsüberschüsse ermittelt. Anschließend werden diese mit der marktüblichen Diskontierungsrate vom
jeweiligen Einzahlungs- auf den Bewertungszeitpunkt abgezinst.
Der daraus resultierende Barwert ist der zu erwartende Wert des
Schutzrechtes zum Zeitpunkt der Patentbewertung.

aaa) Die Einkommenserwartung eines Patents

Ausschlaggebend für eine derartige Bewertung ist die Prognose
der zu erwartenden Einzahlungsüberschüsse, d.h. die darüber Aufschluss geben, wann, wie lange und in welcher Höhe die Einzah-
lungen erfolgen, sowie die aktuelle Zurechnung des Ertragswertes,
der so genannte *Cashflow*, zum jeweiligen Schutzrecht.[72]

bbb) Die Lebensdauer eines Patents

Die Ermittlung der Lebensdauer eines Patents ist insofern
schwierig, weil der Lebenszyklus eines Cashflow erzeugenden Produktes, dessen Einnahmen auf einen Patentschutz basieren, relativ
ist. Neben der juristischen Laufzeit, die sich bis auf 20 Jahre erstrek-
ken kann, wird diese in erster Linie durch andere Innovationen bestimmt, d.h. wird ein Patent angemeldet, dessen Technologie ausge-
reifter ist, veraltet das bisherige, auch wenn es weiterhin patentge-
schützt ist.

Demnach lässt sich die ökonomischen Lebensdauer nur schwer
schätzen und die Gefahr, dass das Bewertungsergebnis verfälscht
wird, ist sehr hoch.

ccc) Die Cashflow-Prognose

Weiterhin gestaltet sich eine genaue Prognose über den Cashflow als schwierig, da der damit verbundene Aufwand sehr hoch ist.

---

[72] www.ipb-ag.de/02_Patentbewertung_ipb_Ertragswert.htm

In der Automobilindustrie lassen sich beispielsweise 40 Patentfamilien ein Bremssystem schützen. Auf Grund der Fülle benötigter Informationen und dem damit im Zusammenhang stehenden Kostenaufwand, ist in diesem Fall eine Bewertung der einzelnen Patentfamilien nach der Methode des Einkommensansatzes nicht realisierbar.

bb) Die Lizenzanalogie

Bei der Ertragswertanalyse nach der Methode der Lizenzanalogie wird die Höhe des Anspruchs ermittelt, der dem Patentinhaber bei der Verletzung seines Schutzrechtes zusteht. In dem Fall kann er zum Einen den Ersatz des entgangen Gewinns gem. § 252 BGB oder die Herausgabe des Gewinns nach dem Bereicherungsanspruch des § 812 BGB verlangen.

Bei der Berechnung wird der Verletzer prinzipiell so gestellt wie der vertragliche Lizenznehmer, der eine Lizenzgebühr an den Inhaber zu entrichten hätte. Dabei ist es unerheblich, ob es zu einer entsprechenden Lizenzerteilung gekommen wäre, hätte sich der Verletzer nicht rechtswidrig verhalten. Entscheidend ist in dem Fall nur, dass ihm der Lizenzgeber die Nutzung nicht ohne Gegenleistung gewährt hätte.

Eine, auf der Grundlage einer angemessenen Lizenzgebühr basierende, Wertermittlung ist immer dann zulässig, wenn die Überlassung von Ausschließlichkeitsrechten zur Benutzung durch Dritte gegen Entgelt juristisch möglich und verkehrsüblich ist.

Grundsätzlich sind bei der Wertermittlung alle Umstände zu berücksichtigen, die auch bei einer freien Lizenzverhandlung auf die Höhe der Vergütung Einfluss gehabt hätten. Bei dem Berechnungsverfahren unterscheidet man zwischen:

- der Feststellung der für das Gebiet objektiv üblichen Lizenz (-erteilung),
- der Feststellung des mit dem Verletzungsgegenstand erzielten Umsatzes und
- der Aufwendung des ermittelten Lizenzansatzes auf den erzielten Umsatz.[73]

---

[73] www.ipwiki.de/privatrecht:lizenzanalogie

c) Der Marktwertansatz mit Wertindikatoren

Bei dieser Bewertungsmethode wird der Wert eines Patents bzw. eines Patentportfolios anhand einer ähnlich zuvor durchgeführten Transaktion ermittelt, d.h. es wird geprüft, ob ein Wettbewerber ein derartiges Patent / Patentportfolio in der Vergangenheit schon einmal hat bewerten lassen. Das daraus resultierende Ergebnis dient als Indikator, an dem sich die Bewertungsgesellschaft orientiert und den Wert des eigenen zu bewertenden Patents anpasst. Etwaige Marktvorteile werden mit dieser Methode unterbunden. Außerdem ist diese Art der Bewertung relativ kostengünstig, da keine umfangreichen Recherchen und Analysekennzahlen benötigt werden.

3. Vorteile von Patentfonds

Zum Einen ist die Bewertung der Patentsfonds durch speziell dafür zuständige Gesellschaften präziser als die Patentversteigerung und spiegelt den aktuellen Marktwert des Patentes wieder.

Zum Anderen übernehmen Fondgesellschaften sowohl die Kosten, die zur Aufrechterhaltung eines Patentes nötig wären, als auch die, die bei einer Anfechtung eines Schutzrechtes entstehen würden.

Weiterhin wird nicht nur einmalig der Verkaufspreis an den Veräußerer gezahlt, sondern auch ein gewisser Anteil des Veräußerungsgewinns an ihn abgetreten.

Außerdem verbessert das Unternehmen, das sein Schutzrecht verkauft, seine Liquidität, was zur Folge hat, dass die Investitionsmittel steigen und die Eigenkapitalausstattung gestärkt wird.[74]

Des Weiteren kann der ursprüngliche Patentinhaber durch eine Rücklizenz, die zum Teil kostenlos von den Fondgesellschaften gewährt wird, die im Patent hinterlegten Anwendungen und Rechte weiterhin (un-) eingeschränkt nutzen.

4. Nachteile von Patentfonds

Besonders den Investoren erwachsen diverse Nachteile, z.B.

- können sich Patente auch als wertlos herausstellen. Die Anlage in derartige Fonds ist demnach ein Spekulationsgeschäft.

---

[74] Vgl. hierzu: Broschüre des Steinbeis-Transferzentrums: Patent/Invest/1

- Das investierte Kapital ist in diesen Fonds fest angelegt, d.h. dass der Investor für drei bis sechs Jahre nicht an sein Geld heran kommt.

Aus diesen Gründen sollten die Investoren immer nur einen kleinen Teil ihres Kapitals in einen solchen Fond investieren.[75]

---

[75] Vgl. hierzu: Artikel der Frankfurter Allgemeinen Sonntagszeitung vom 29.10.2006

F. Zusammenfassung

Wie in meinen Ausführungen zu erkenne ist, erweist sich die Rechtsübertragung in Form der Patentversteigerung oder der Veräußerung an Fondgesellschaften als alternative Finanzierungsmöglichkeit für klein und mittelständische Unternehmen. Bisher ist diese allerdings relativ unbekannt. Die Deutschen gehören zwar zu den aktivsten Erfindern mit den meisten Patentanmeldungen weltweit (siehe hierzu Kapitel E. unter Gliederungspunkt I. Allgemein), jedoch halten sie sich, im Vergleich zu den USA, mit dem Handel derartiger Schutzrechte stark zurück. Viele KMUs verkennen das Potenzial eines Patents und somit ihre Chance, auf einfachstem Weg ihr Investitionskapital und ihre Eigenkapitalausstattung erheblich zu verbessern. Momentan ist die Veräußerung eines Schutzrechtes an Fondgesellschaften die gewinnbringendere Form der Rechtsabtretung, da anhand unterschiedlichster Faktoren, wie z.B. Ertragswert, Prognosen oder Lebensdauer eines Patents, der aktuelle Marktwert einer Erfindung ermittelt wird. Tendenziell ist aber davon auszugehen, dass die Versteigerung eines Rechts an einer Erfindung an Publizität gewinnt und speziell junge, technologieorientierte Unternehmen dieses Potenzial erkennen. Gerade in Deutschland, wo ausreichend Know-How und Erfindergeist vorhanden sind, werden derartige Auktionen immer häufiger stattfinden und Klein- und Mittelständler diese nutzen, um entweder das Recht an einer Erfindung zu erlangen oder aber nicht benötigte Patentschriften vorzugsweise gewinnbringend zu veräußern. Auf Grund dessen, dass das Interesse an diesen Veranstaltungen erheblich steigen wird, ist es vorstellbar, dass Patente nicht nur zum aktuellen Marktpreis ersteigert werden, sondern über deren Wert hinaus.

Wie in Kapitel D. erklärt, kann das Recht an einer Erfindung prinzipiell auf jede juristisch und natürlich Person mittels Abtretungsvertrag übergehen, vorausgesetzt die finanziellen Mittel sind vorhanden. Die Veräußerung eines Patents ist sowohl zivilrechtlicher als auch sachenrechtlicher Natur, da zum Einen ein Schutzrecht und zum Anderen die Patentschrift übertragen werden. Mit der Übergabe der Patentschrift und dem Abtretungsvertrag erklärt sich der Patentinhaber einverstanden, dass der Käufer sein Rechtsnachfolger werden soll. Grundlegend gehen mit einer solchen Abtretung alle Recht, bis auf das Erfinderpersönlichkeitsrecht (siehe hierzu Gliederungspunkt D.I.), auf den neuen Rechtsinhaber über. Dieser kann jedoch an den ursprünglichen Inhaber (Rück-) Lizenzen erteilen, in denen er ihm gewisse Nutzungsrechte für eine bestimmte Zeit, einen bestimmten Ort oder eine bestimmten Umfang gewährt. Dies ist in soweit vorteilhaft, weil der ursprüngliche Patentinhaber oder Erfinder die jährlich anfallenden Aufrechterhaltungskosten und, wenn das Patent schon vor der Anmeldung übertragen wird (siehe hierzu Kapitel D), die Anmeldungskosten umgeht. Trotzdem kann er auf Grund der übertragenen Nutzungsrechte die Erfindung weiterhin für sich verwenden und unter Umständen auch an ihr verdienen. Dadurch, dass eine Lizenz immer wieder vertraglich verlängert und verändert werden kann, ist es denkbar, dass er über mehrere Jahre hinweg davon profitiert.

Wie unter Gliederungspunkt E. I. 3. beschrieben, besteht ein weiterer Vorteil der Patentversteigerung dahingehend, dass der Verkäufer und der Käufer anonym bleiben, so dass konkurrierenden Unternehmen keinerlei Marktvorteile erwachsen können. Sie wissen nicht, welches Unternehmen beispielsweise die Software gekauft hat, die das Risiko für Autohaftpflichtversicherungen in Abhängigkeit diverser Variablen, wie z.B. die Fahrleistung, kalkuliert. Es kann z.B. einen Autohaftpflichtversicherung oder aber das Softwareentwicklungsunternehmen A ersteigert haben, dass dieses Programm nutzen und weiter entwickeln möchte, um es anschließend gewinnbringend zu verkaufen. Dadurch, dass die Anonymität gewahrt bleibt, kann die Konkurrenz, Softwareentwickler B, kein ähnliches Programm schreiben, dass aber weiter entwickelt ist als das von Softwareentwickler A, und mit dessen Anmeldung ihm gegenüber im Vorteil zu sein. Die ursprüngliche Software wäre in dem Fall überholt und könnte nicht mehr gewinnbringend vermarktet werden. Bleibt Softwareentwickler B jedoch in Unkenntnis, dass A dieses Programm gekauft hat, würde sich B wahrscheinlich nicht die Mühe machen und unter einem erheblichen finanziellen Aufwand ein ähnliches Programm schreiben lassen.

Die Patentversteigerung beinhaltet aber auch Risiken, da nie Gewiss ist, welchen Erlös ein Patent einbringen wird und ob sich überhaupt ein Interessent dafür findet. Häufig wird zwar ein Mindestpreis (siehe hierzu Kapitel E unter *Englische Auktion*) festgelegt, aber es ist auch denkbar, dass es bei diesem bleibt oder sich gar keiner dafür interessiert. In diesem Fall sind Patentfonds eine sicherere Alternative, da es hierfür keines Interessenten bedarf. Anhand spezifischer Werte, wie der Lebensdauer oder des Ertragswertes eines Patents, wird dessen aktueller Marktwert ermittelt. Der Verkaufspreis richtet sich nach diesem und der Verkäufer gewinnt umgehend an Liquidität. Darüber hinaus wird er beim Weiterverkauf bzw. wenn dieses Patent in einen Fond eingeht und dieser durch diverse Anleger gefüllt wird mit einem vorher vertraglich festgelegten Anteil am Gewinn beteiligt.

Wie bei der Patentversteigerung bedeutet der Patentverkauf an spezielle Fondgesellschaften nicht automatisch den Verlust sämtlicher Rechte. Durch Rücklizenzen, die teilweise sogar kostenlos gewährt werden, kann sich der ursprüngliche Patentinhaber die im Patent hinterlegten Rechte weiterhin sichern und nutzen. Aufschluss über Art und Dauer des Nutzungsrechtes gibt auch hier ein individuell geschlossener Lizenzvertrag.

Während dem Patentinhaber bei einer derartigen Veräußerung anscheinend nur Vorteile erwachsen, sollten sich Investoren die Anlage ihres Kapitals in Patentfonds gut überlegen. Der Marktwert und das Potenzial eines Schutzrechtes kann zwar nach verschiedensten Methoden berechnet werden, jedoch kann niemand vorher sehen, ob sich eine Umsetzung des Erfindergedankens langfristig rentiert und den Markt durchdringen wird. Solch ein Risiko lässt sich nicht kalkulieren, so dass eine Investition in (Patent-) Fonds immer ein Spekulationsgeschäft sein und bleiben wird.

Des Weiteren liegt das angelegte Kapital in den Patentfonds fest, d.h. der Interessent investiert sein Geld über mehrere Jahre mit dem Wissen, dass er auf dieses in Zukunft nicht ohne Weiteres zugreifen kann. Da sich die Erfindung mit den Geldern der Anleger finanziert, ist es auch denkbar, dass diese aufgebracht werden und anschließend kein Gewinn erwirtschaftet wird. Die Wahrscheinlichkeit eines derartigen Verlustgeschäftes ist zwar relativ gering, da der Fond aus mehreren Patenten besteht und das ein oder andere Schutzrecht sicherlich Profit bringen wird, aber die Möglichkeit besteht.

Weiterhin ist es vorstellbar, dass Patente nicht nur der Gewinnung von Liquidität und der Eigenkapitalstärkung dienen, sondern sich auch dann auszahlen, wenn sie nicht veräußert werden. Es ist denkbar, dass sie beispielsweise auch als Sicherheit für eine Finanzierung Verwendung finden. In dem Fall würden nicht das Auto, das Haus oder das Unternehmen dem Finanzgeber als Sicherheit für einen Kredit oder ein Darlehen dienen, sondern das Recht an einer Erfindung. Besonders bei risikoreichen Investitionen wäre dies eine günstige Alternative. Denn, es ist für den Unternehmer oder auch Privatmann sicherlich schmerzhafter sein Auto, sein Haus oder seinen Konzern zu verlieren, als das Schutzrecht an einer Erfindung, dessen Wert möglicherweise noch gar nicht ab- bzw. einschätzbar ist. Sowohl Finanzierungsnehmer als auch Finanzierungsgeber befinden sich hier auf der sicheren Seite, da der Finanzierungsgeber dieses Patent versteigern oder an eine Fondgesellschaft veräußern und somit die Schulden des Finanzierungsnehmers begleichen kann.

Letzten Endes ist und bleibt der Handel mit dem Patent auch weiterhin ein Spekulationsgeschäft. Ungeachtet dessen beinhaltet dieses über eine Menge Potenzial, das vor allen Dingen klein- und mittelständische Unternehmen für sich erkennen und nutzen müssen.

Dass man Schutzrechte an Dritte verkaufen und anderweitig übertragen kann, ist für viele nichts Neues, jedoch bieten die in dieser Dissertation erörterten Veräußerungsmöglichkeiten völlig neue Dimensionen. Die Anlage in Aktien ist meiner Meinung nach wesentlich riskanter und spekulativer als die in Patentfonds. Aus diesem Grund sollten besonders technologieorientierte KMUs überprüfen, welche Patente für deren Kerngeschäft wichtig sind und welche sie gewinnbringend veräußern könnten.

Anlagenverzeichnis

Anlage 1: Antrag auf Erteilung eines Patents

Anlage 2: Patenterteilungsverfahren

Anlage 3: Urkunde über die Erteilung eines Patents

Anlage 4: Patentbeschwerdeverfahren

Anlage 5: Patentrechtsbeschwerdeverfahren

Anlage 6: Beispiel-Lizenzvertrag der Verlagsgruppe Hüthig Jehle Rehm GmbH

Anlage 7: Prüfungsverfahren am Beispiel der IBP-AG

Anlage 1: Antrag auf Erteilung eines Patents[76]

An das
Deutsches Patentamt
80297 München

Deutsches Patentamt

Sendungen des Deutschen Patentamts sind zu richten an:

① In der Anschrift Straße, Haus-Nr. und ggf. Postfach angeben

Antrag auf Erteilung eines Patents

Aktenzeichen (wird vom Deutschen Patentamt vergeben)

Zeichen des Anmelders/Vertreters (max. 20 Stellen) | Telefon des Anmelders/Vertreters | Datum

②

③ Der Empfänger in Feld ① ist der
☐ Anmelder ☐ Zustellungsbevollmächtigte ☐ Vertreter

ggf. Nr. der Allgemeinen Vollmacht

Anmelder | **Vertreter**

④ nur auszufüllen, wenn abweichend von Feld ①

⑤ soweit bekannt

Anmeldercode-Nr. | Vertretercode-Nr. | Zustelladreßcode-Nr. | ERF

⑥ **Bezeichnung der Erfindung** (bei Überlänge auf gesondertem Blatt - 2fach)

Aktenzeichen der Hauptanmeldung (des Hauptpatents)

⑦ s. Erläuterungen u. Kostenhinweise auf der Rückseite

Sonstige Anträge
☐ Die Anmeldung ist Zusatz zur Patentanmeldung (zum Patent) →
☐ Prüfungsantrag - Prüfung der Anmeldung (§ 44 Patentgesetz)
☐ Recherchenantrag - Ermittlung der öffentlichen Druckschriften ohne Prüfung (§43 Patentgesetz)
Lieferung von Ablichtungen der ermittelten Druckschriften
im ☐ Prüfungsverfahren ☐ Recherchenverfahren
☐ Aussetzung des Erteilungsbeschlusses auf ____ Monate
(§ 49 Abs. 2 Patentgesetz) (Max. 15 Mon. ab Anmelde- oder Prioritätstag)

Aktenzeichen der Stammanmeldung

⑧

⑨

Erklärungen
☐ Teilung/Ausscheidung aus der Patentanmeldung →
☐ an Lizenzvergabe interessiert (unverbindlich)
☐ mit vorzeitiger Offenlegung und damit freier Akteneinsicht einverstanden (§ 31 Abs. 2 Nr. 1 Patentgesetz)
☐ Inländische Priorität (Datum, Aktenzeichen der Voranmeldung)
bei Überlänge auf gesondertem Blatt-2fach)
☐ Ausländische Priorität (Datum, Land, Aktenz. der Voranmeldung)
bei Überlänge auf gesondertem Blatt-2fach)

Gebührenzahlung in Höhe von ____ DM

Abbuchung von meinem/unserem Abbuchungskonto b.d. Dresdner Bank AG.
☐ Nr.:

Erläuterung und Kostenhinweise s. Rückseite

Scheck
☐ ist beigefügt

Überweisung (nach Erhalt)
☐ der Empfangsbescheinigung)

Gebührenmarke sind beigefügt
☐ (bitte nicht auf d. Rückseite kleben,..: ggf. auf gesond. Blatt)

Anlagen

Anlagen 3-7 jeweils 3-fach

1. ____ Vertretervollmacht
2. ____ Erfinderbenennung
3. ____ Zusammenfassung (ggf. mit Zeichnung Fig. ____)
4. ____ Seite(n) Beschreibung
5. ____ ggf. Bezugszeichenliste
6. ____ Seite(n) Patentansprüche
____ Anzahl Patentansprüche
7. ____ Blatt Zeichnungen
8. ____ Abschrift(en) d. Voranmeld.
9. ____

☐ **Telefax vorab am** ____

Unterschrift(en)

---

[76] entnommen aus Ensthaler, Jürgen: Gewerblicher Rechtsschutz und Urheberrecht, S. 122

Anlage 2: Patenterteilungsverfahren[77]

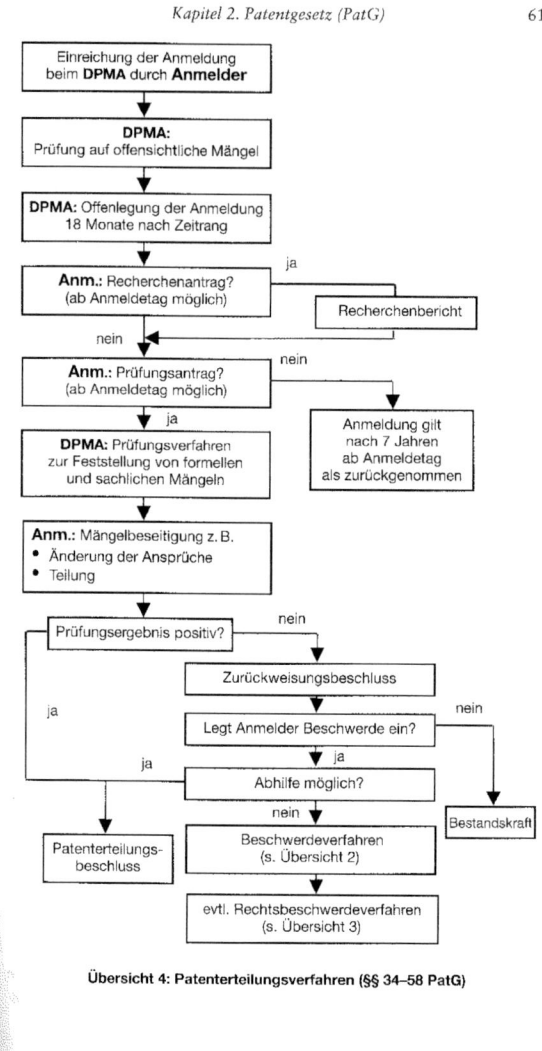

Übersicht 4: Patenterteilungsverfahren (§§ 34–58 PatG)

---

[77] entnommen aus Ilzhöfer, Volker, Patent-, Marken- und Urheberrecht, S. 61

Anlage 3:   Urkunde über die Erteilung eines Patents[78]

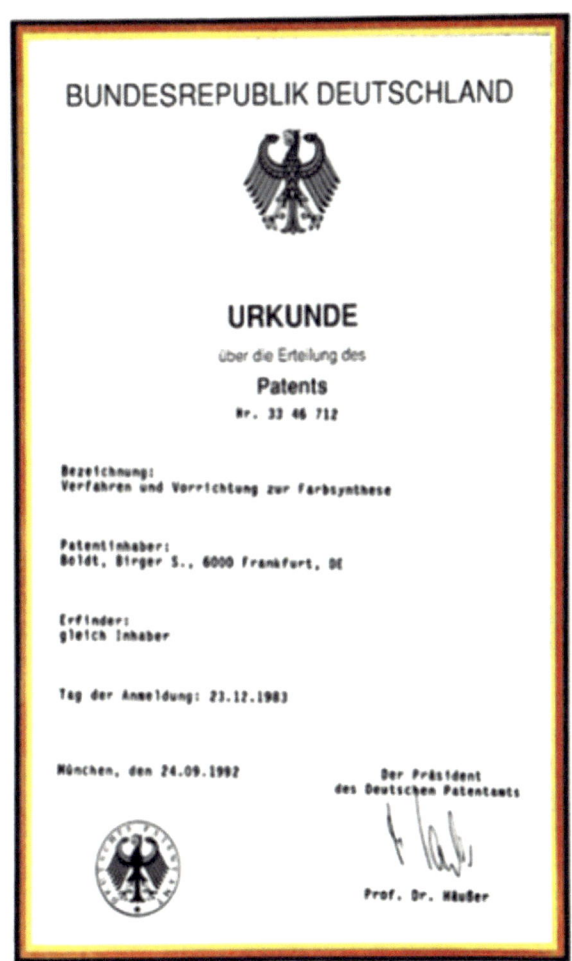

[78]   entnommen unter www.wikipedia.org/wiki/Bild:Farbsynthese-3.jpg

Anlage 4:   Patentbeschwerdeverfahren[79]

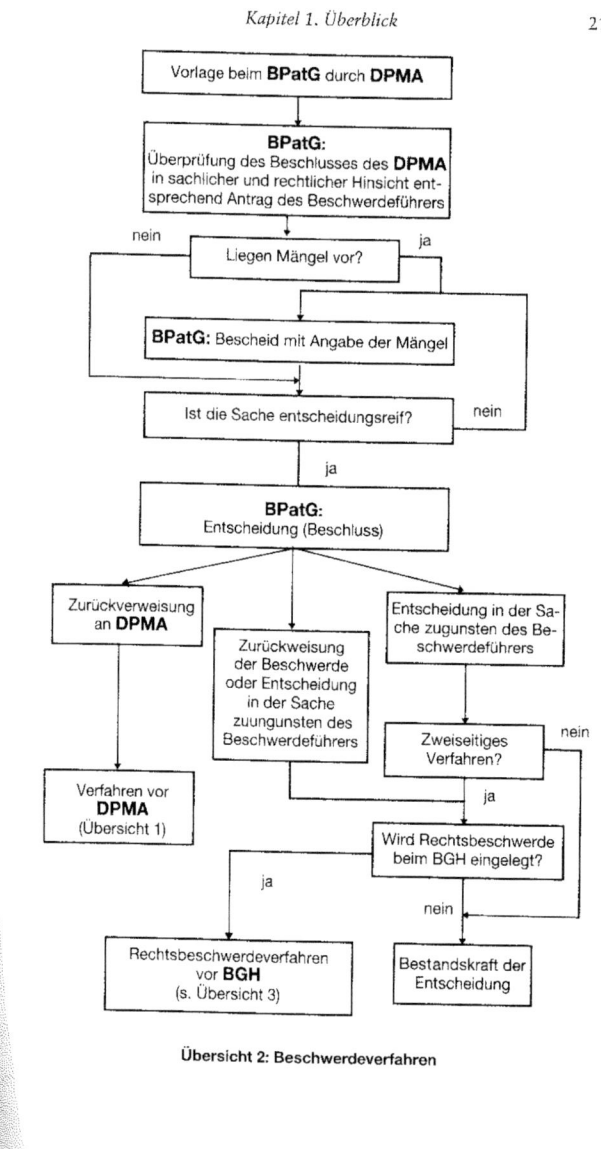

Übersicht 2: Beschwerdeverfahren

---

[79] entnommen aus Ilzhöfer, Volker, Patent-, Marken- und Urheberrecht, S. 21

Anlage 5: Patentrechtsbeschwerdeverfahren[80]

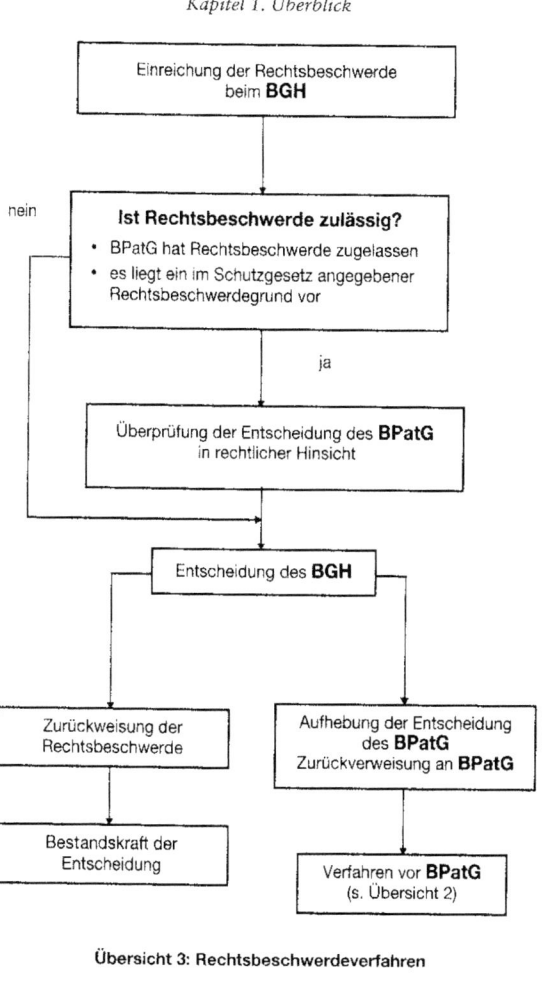

Übersicht 3: Rechtsbeschwerdeverfahren

---

[80] entnommen aus Ilzhöfer, Volker, Patent-, Marken- und Urheberrecht, S. 23

Anlage 6:   Beispiel-Lizenzvertrag der Verlagsgruppe Hüthig Jehle Rehm GmbH[81]

SOFTWARE LIZENZVERTRAG FÜR MEHRFACH LIZENZEN

Die Verlagsgruppe Hüthig Jehle Rehm GmbH mit Ihren Markenverlagen C.F. Müller, R.v. Decker, Jehle, Rehm, Economica, Forkel und Kriminalistik (nachfolgend Verlag genannt) räumt dem Kunden ein nicht ausschließliches Recht ein, die in der beiliegenden Verpackung enthaltenen Software-Produkte und Datenbanken (insgesamt zusammen nachfolgend "Software" genannt) gemäß den nachfolgenden Vertragsbestimmungen zu nutzen.

Der Kunde erhält mit dem Erwerb des Produktes nur das Eigentum an dem körperlichen Originaldatenträger, auf dem die Software aufgezeichnet ist. Der Kunde erkennt an, dass es sich bei der Software sowohl um ein schutzfähiges Datenbankwerk im Sinne des § 4 Abs. 2 Satz 1 UrhG als auch um eine schutzfähige Datenbank im Sinne von § 87a Abs. 1 UrhG handelt. Des weiteren erkennt der Nutzer an, dass der Verlag "Hersteller" der Datenbank im Sinne von § 87a Abs. 2 UrhG ist. Die zur Nutzung der Datenbank erforderlichen Computerprogramme unterfallen, sofern sie nicht bereits nach den Vorschriften über Datenbankwerke oder Datenbanken geschützt sind, dem Schutz der §§ 69a ff. UrhG.

Der Verlag gewährt dem Kunden beschränkte Benutzungsrechte an der Software, die an das Eigentum an dem körperlichen Originaldatenträger gebunden sind. Die Veräußerung eines Teils des Benutzungsrechtes ist damit unzulässig. Zum Programm gehört eine Anwendungsdokumentation, die dem Kunden ebenfalls auf dem Datenträger überlassen wird, und die den gleichen Nutzungsbeschränkungen unterliegt.

Der Anwender verpflichtet sich, im Falle der Eigentumsübertragung des Originaldatenträgers, die Kopie, die er auf der Festplattenbibliothek gespeichert hat, unverzüglich zu löschen und jede Benutzung einzustellen.

---

[81] entnommen unter:
www.rws.svhfi.securitas.net/data/resources/be76f1848e6.pdf

Alle darüber hinausgehenden Nutzungsrechte verbleiben beim Verlag.

Der Kunde verpflichtet sich, die Software oder Teile davon sowie die in der Software enthaltenen digitalisierten Daten- und Computerprogramme nicht gemäß § 69c Nr. 2 UrhG umzuarbeiten, mit anderer Software zu vermischen, zu übersetzen, zurück zu entwickeln, nicht über § 69e UrhG hinaus zu dekompilieren, entassemblieren, von der Software abgeleitete Werke zu erstellen, keine Fehler in das Software-Produkt einzubauen oder dieses anderweitig zu modifizieren.

Insbesondere verpflichtet er sich auch, die Software, Daten- und Computerprogramme nichtauszulesen und/oder auf einen anderen Datenträger oder Computer zu übertragen, zu vervielfältigen, auf elektromagnetische, elektrooptische oder sonstige Datenträger zu kopieren, zu vermieten, zu verleihen, in ein Online-System einzuspeisen oder in einer anderen Form einzusetzen, die das Urheberrecht bzw. andere Rechte verletzt oder sie Dritten zugänglich macht. Als Dritte gelten nicht Arbeitnehmer des Kunden. Die Bereitstellung des Zugriffs für Personen, die nicht der Organisation des Kunden angehören ist nicht zulässig.

Der Benutzungsberechtigte hat das Recht, Sicherungskopien im Rahmen der laufenden Datensicherung gemäß § 69d I UrhG zu erstellen oder Sicherungskopien herzustellen, wenn diese für die Sicherung der künftigen Benutzung erforderlich sind (§ 69d II UrhG).

Der Verlag räumt dem Kunden nur das Recht ein, das unveränderte Programm und die Daten von der CD-ROM (mit Setup) auf Festplatte einmalig zu installieren und Daten aus der laufenden Anwendung heraus zum eigenen Gebrauch herunter zu laden.

Die Software darf nur für den eigenen Zweck, aber nicht kommerziell und nicht auf öffentlichen Terminals eingesetzt werden. Die Installation und der Betrieb in wide area networks (WAN) oder mit sonstiger Datenfernübertragung ist unzulässig. Dabei steht die Funkübertragung der Übertragung per Kabel gleich.

Für etwaige redaktionelle oder technische Fehler sowie die Richtigkeit der gemachten Angaben übernimmt der Verlag keine Haftung.

Die Version ist nur für eine Einzelplatzlizenz bestimmt. Diese umfaßt die Installation des Programms auf einem stand-alone-Rechner (rechnergebundene Lizenz) oder die Installation auf einem

Netzwerk-Server. Hierbei ist die Nutzung des Programms auf jeweils einen Zugreifenden innerhalb des Netzwerkes beschränkt (nutzerbezogene Lizenz).

Beim Erwerb von Mehrfachlizenzen (rechnergebundene Lizenzen) oder von floating-licences (nutzerbezogenen Lizenzen) ist die Anzahl der Zugreifenden auf die in der Rechnung angegebene Anzahl der erworbenen Lizenzen beschränkt.

Die Nutzung des Programms in Netzwerken durch mehrere Benutzer oder an mehreren Einzelplatzrechnern ist nur dann zulässig, wenn mit dem Verlag hierüber vorher eine entsprechende Vereinbarung getroffen wurde, bzw. die Zugreifenden auf die Anzahl der gemäß Rechnung erworbenen Lizenzen beschränkt wird. Der Kunde verpflichtet sich, auch bei der nachträglichen Errichtung eines Netzwerkes oder bei Installation auf mehreren Einzelplatzrechnern den Verlag davon in Kenntnis zu setzen.

Die Daten auf dieser CD-ROM sowie die verwendete Software (z. B. FolioVIEWS (R)) sind urheberrechtlich geschützt.

Die verwendeten Markennamen sowie Soft- und Hardwarebezeichnungen unterliegen im allgemeinen dem warenzeichen-, marken- oder patentrechtlichen Schutz.

Die Nennung von Produkten dient lediglich Informationszwecken und stellt keinen Warenmissbrauch dar.

Der Verlag hat die größte Sorgfalt walten lassen, um einwandfrei und technisch problemlose Software zu publizieren. Die Installation und Lauffähigkeit der Software wurden auf unterschiedlichen Rechnerkonfigurationen intensiv getestet. Eine juristische Verantwortung oder Haftung bei Schäden, gleich welcher Art und deren Folgen, insbesondere Schäden aus entgangenem Gewinn, Betriebsunterbrechung, Verlust von privaten und/oder geschäftlichen Informationen und Daten oder aus anderen finanziellen Verlusten, die aus der Benutzung der Software oder der fehlerhaften Verwendung dieser Software entstehen, kann nicht übernommen werden.

Anlage 7: Das Prüfungsverfahren am Beispiel der IBP-AG

Grafik 1[82]:

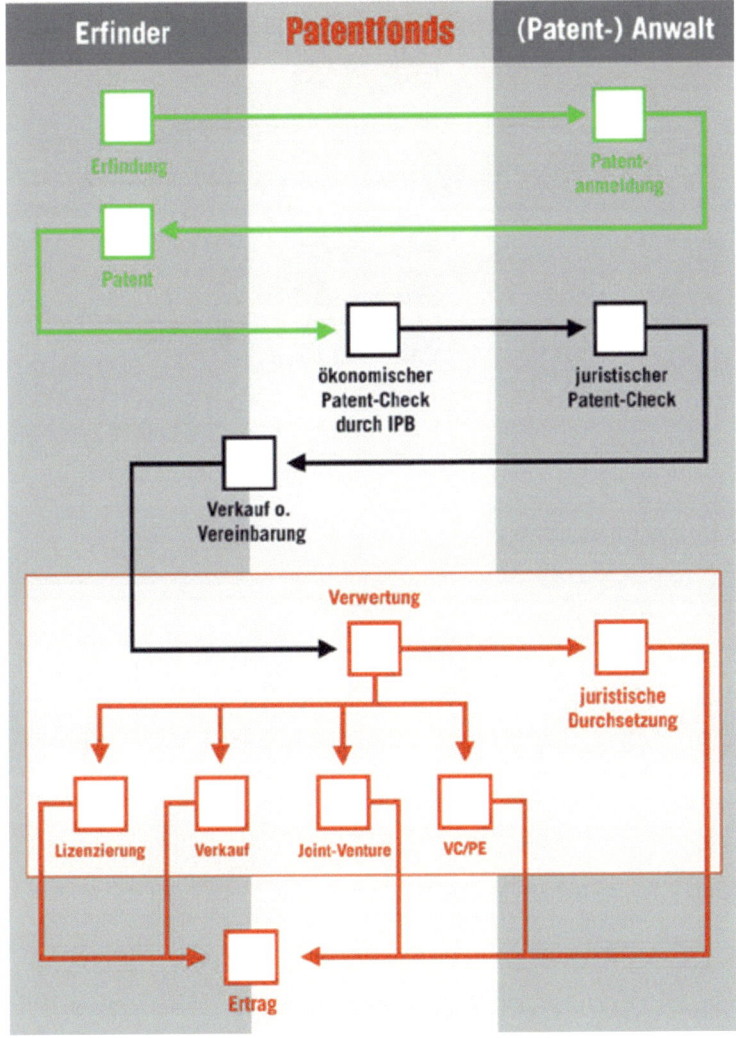

---

[82] entnommen unter: www.ipb-ag.de/02_Patentverwertung_und_-
       Patentvermarktung-Ablauf.htm im Juli 2007 und

Grafik 2[83]:

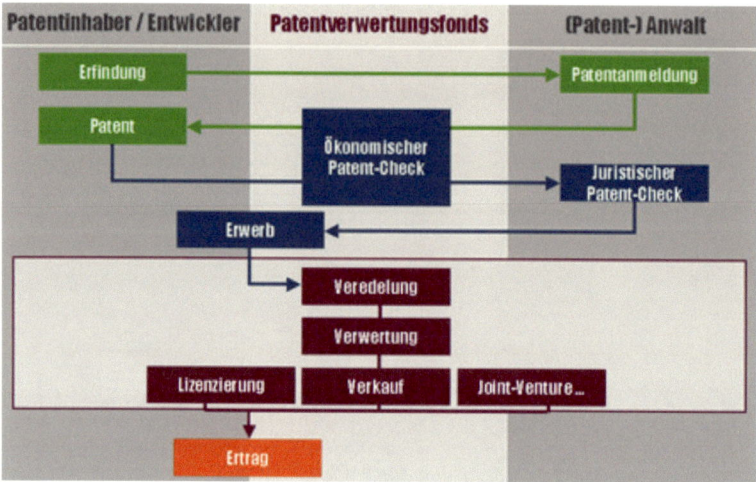

---

[83] im August 2007 auf www.ipb-ag.de/02_Patentverwertung_und_-
Patentvermarktung-Ablauf.htm durch diese ersetzt

56

Quellenverzeichnis

Fachbücher

/1/ Ilzhöfer, Volker

Patent-, Marken- und Urhebberrecht; 7. Auflage, München, Verlag Franz Vahlen, 2007

/2/ Nirk, Prof. Dr. Rudolf; Ullmann, Prof. Dr. Eike

Patent-, Gebrauchsmuster- und Sortenschutzrecht; 3., neu bearbeitet Auflage, Heidelberg, C.F. Müller Verlag, 2007

/3/ Emmerich, Dr. Volker

Kartellrecht – Ein Studienhandbuch; 10. Auflage, München, C.H. Beck Verlag, 2006

/4/ Gursky, Karl-Heinz

Schuldrecht Besonderer Teil; 5., neu bearbeitete Auflage,   Heidelberg, C.F. Müller Verlag, 2005

/5/ Kling, Dr. iur. Michael / Thomas, Stefan

Grundkurs Wettbewerbs- und Kartellrecht; München, C.H. Beck Verlag, 2004

/6/ Köhler, Dr. Helmut

BGB Allgemeiner Teil – Ein Studienbuch; 28., völlig neu bearbeitete Auflage, München, C.H. Beck Verlag, 2004

/7/ Berlit, Dr. Wolfgang

Das neue Markenrecht; 5. neubearbeitete Auflage, München, C.H. Beck Verlag, 2003

/8/ Medicus, Dr. Dr. h. c. Dieter

Schuldrecht II – Besonderer Teil; 11., neu bearbeitete Auflage, München, C.H. Beck Verlag, 2003

/9/   Schwab, Dieter

        Einführung in das Zivilrecht, Einschließlich BGB-Allgemeiner Teil; 15.,
        völlig neu bearbeitet Auflage, Heidelberg, C.F. Müller Verlag, 2002

/10/   Brandi-Dohrn, Matthias/Gruber, Stephan/Muir, Ian

        Europäisches und Internationales Patentrecht – Einführung zum EPÜ
        und PCT; 5. Auflage, München, C.H. Beck Verlag, 2002

/11/   Meyer, Justus

        Wirtschaftsprivatrecht – Eine Einführung; 3., überarbeitete Auflage, Ber-
        lin, Springer Verlag, 2001

/12/   Osterrieth, Dr. Christian

        Patentrecht – Einführung für Studium und Praxis; München, C.H. Beck
        Verlag, 2000

/13/   Pfaff, Prof. Dr. Dr. Dieter

        Lizenzverträge – Formularkommentar; München, C.H. Beck Verlag, 1999

/14/   Ensthaler, Jürgen

        Gewerblicher Rechtsschutz und Urheberrecht; Berlin, Springer Verlag,
        1998

Internetquellen

/15/   www.meditech.de/index.php?id=83

/16/   www.gomopa.net/Finanzforum/Kapitalbeschaffung/Kapitalgeber-
        finanzieren-die-Patentnutzung.html

/17/   www.innovations-
        report.de/html/berichte/wirtschaft_finanzen/bericht-52810.html

/18/   www.hwk-duesseldorf.de/beraten/innovation/steinbeispatente.html

/19/   www.wikipedia.org/wiki/Patent

/20/ www.dpma.de/infos/einsteiger/einsteiger_pat04.html

/21/ www.wikipedia.org/wiki/Bild:Farbsynthese-3.jpg

/22/ www.dpma.de/formulare/patent.html

/23/ www.wikipedia.org/wiki/Lizenz

/24/ www.wtsh.de/wtsh/de/servicecenter_schutzrechte/faq/in-
      dex.php#anchor23

/25/ www.kanzlei-langlotz.de/lizenzvertrag.pdf

/26/ www.uni-
      muenster.de/Jura.itm/patentfs/kap3/304_persoenlichkeitsrecht.htm

/27/ www.pro-physik.de/Phy/leadArticle.do?laid=8957

/28/ www.br-online.de/wissen-
      bildung/artikel/0705/15patentversteigerung/index.xml

/29/ www.handelsblatt.com/news/Unternehmen/Finanzie-
      rung/_pv/_p/203992/_t/ft/_b/1274679/default.aspx/auspatenten-
      geld-machen.html

/30/ www.ipb-ag.de/02_Patentbewertung.htm

/31/ www.ipb-ag.de/02_Patentverwertung_und_Patentvermarktung-
      Ablauf.htm

/32/ www.ipb-ag.de/02_Patentbewertung-Details.htm

/33/ www.ipwiki.de/privatrecht:lizenzanalogie

/34/ rws.svhfi.securitas.net/data/resources/be76f1848e6.pdf

Entscheidung

/35/ BGH Urteil: X ZB 15/98

Sonstige Quellen

/36/ Zeitungsartikelartikel aus der Stuttgarter Zeitung
      „Die Käufer bleiben lieber im Hintergrund", vom 02.06.2007

/37/ Zeitungsartikel aus der Frankfurter Allgemeinen Zeitung
      „Die Erfindung anderer Leute zu Geld machen", vom 29.10.2006

/38/ Broschüre der ALPHA PATENTFONDS GmbH & Co. KG
      „ALPHA PATENTFONDS – Kurzinformation"

/39/ Vortrag Gülnur Köktürk und Qinghua Cao
      „Auktionen – Wettbewerb um den Markt"; 06.06.2005

/40/ Broschüre KPMG
      „Dimenesionen - Die Fachzeitschrift der KPMG-Alpen Treuhand Austria Gruppe"; Österreich 2004

/41/ Broschüre des Steinbeis-Transferzentrums: „Patent/Invest/1"; Mann-heim